JN327545

UP Collection

新装版

子どもの自分くずしと自分つくり

竹内常一

東京大学出版会

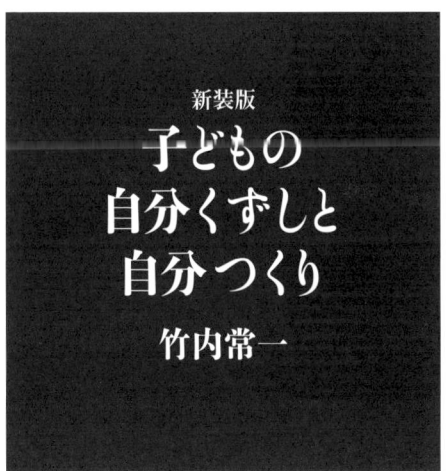

UP Collection

Reintegration of Self in Adolescence

Tsunekazu TAKEUCHI

University of Tokyo Press, 1987 & 2015
ISBN 978-4-13-006530-6

まえがき

一九七〇年代後半から、一〇歳から一八歳までの子どもたちのなかに、いじめ・迫害、非行・暴力、不登校、高校中退、半失業・無業、自殺、宗教熱といった問題が噴き出し、はや一〇年になる。この間、これらの問題にたいしてさまざまな解決策が提起されてきたが、事態は一向に好転する兆しがない。それどころか、事態はますます悪化の一途を辿っているといっていい。

しかし、これらだけが、今日の子どもの問題ではない。これらの問題の対極に、まじめで、おとなしく、几帳面で、素直な子どもたちの学校適応過剰という問題がある。かれらは、見かけはいい子であるが、親や教師、家庭や学校の期待と要請のなかに囚われている子どもたちである。

かれらは、親や教師のまなざしに応えられないのではないかという不安にいつもさらされているために、いっそう学校に囚われ、縛られ、駆り立てられるのである。その意味では、かれらは学校適応不足であるために、ますます学校適応過剰となる子どもたちである。

かれらのなかのあるものは、学校のなかに埋めこまれている競争秩序に能動的に過剰に適応して、いつも一番でないと気がすまない子どもになる。また、他のものは、学校の形式的秩序に受動的に過剰に適応して、きまりや規則にこだわる子どもとなる。かれらは、形はちがうが、学校というものに強迫的なこだわりをもっているという点で共通している。

ところが、子どもたちがまじめで、おとなしいのは、小学校の中学年までである。とはいえ、まじめで、おとなしいとされている中学年までの子どものなかにも、腹痛や頭痛、かぜや高熱などの心気症状、動揺感やめまいなどの身体感覚、奇声や失神などのアクティング・アウト（行動化）を示すものはいまでは少なくない。

だが、親や教師たちの証言するところによると、これらのまじめで、おとなしい子どもたちが変身しはじめるのは、小学五年の二学期であるという。家庭にあっては、母親とトラブルを起こすようになり、はやくも母親にたいして暴力をふるうものが出てくる。学校にあっては、ふざけ・馬鹿さわぎといじめ・迫害がひろがっていく。それと並行して、不登校になるものも出てくる。そして、これ以後、子どもたちのなかから、さきにみたような問題がつぎつぎに噴き出してくるのである。

一体、この変身はなにを意味しているだろうか。

かれらが変身しはじめるのは、この時期を境にして、学力格差や能力格差がひらきはじめ、人格評価も明確になっていくために、かれらが実際に学校適応不足になっていくからである。それは学校適応過剰のかれらにとっては耐えがたいことであるために、かれらは自分をさらにきびしくコントロールして、いい子になろうと努力する。

しかし、それにもかかわらず、かれらの意志に反するもうひとりの自分がもれだしてくるのである。思春期の到来が、そうしたかれらの内的状況をさらに激化するために、かれらのなかのもう一人の自分がかれらの意志に反して噴きだしてくる。それでも、学校的なまなざしに囚われているかれらは、もう一人の自分を押さえこもうと努め、自分で自分を責めぬくのである。

そうした不幸のなかで、かれらは次第に学校適応過剰の生き方ではもう生きていけないことを感じる。かれらは自分で自分を責めぬかねばならないのは、どうやら自分が学校に呑みこまれているためではないかと感ずる。無意識のなかで、もう一人の自分を押さえこむのではなくて、それを統合して、新しい自分をつくらなければ、もう生きていくことができないことを知るのである。

こうしたときから、かれらは親や教師、家庭や学校と争いはじめる。それが、かれらのツッパリ宣言や登校拒否宣言となるのである。かれらはこれまでの対人関係を組みかえることをつうじて、学校適応過剰の自分をくずしはじめるのである。

そうしたとき、かれらは友だちと親密な関係を結び、学校の地下に私的なグループを幾層にも構え、反学校文化を築きはじめる。かれらはそれを心理的な離乳と自立の根拠地にしていくのである。かれらはそれに依拠して学校的なまなざしにまなざしかえしていくと同時に、反学校的なグループのなかで自分をつくりなおそうとする。

こうしてかれらはまさに親や教師、家庭や学校から、さらにいえば現代的な支配から心理的に離乳して、新しい生き方をさぐる思春期・青年期遍歴に旅立つのである。

本書の書名である『子どもの自分くずしと自分つくり』とは、前思春期から思春期にかけての子どもたちにおける対人関係の組みかえと自己の解体・再編のことである。本書は、いじめ・迫害、不登校、非行といった行動をつうじて、現代の子どもたちが試みている前思春期、思春期における人格の再統合の過程と構造を明らかにしようとしたものである。

末尾になったが、本書をつくるにあたって、資料を提供していただいた山口美晴氏、斉藤大仙氏、大阪府立貝塚養護学校の教職員の方々、全国生活指導研究協議会の方々、また、本書を構想するにあたって大きな刺激をあたえてくださった横湯園子、藤本卓の両氏をはじめとする日本教育学会・現代社会における発達と教育研究委員会・登校拒否研究部会の方々に厚くお礼を申しあげたい。また、一年間以上も本書の執筆をはげましてくださり、『子どもの自分くずしと自分つくり』という書名を考えてくださった東京大学出版会の伊藤一枝氏に謝意を表したい。

なお、本書は、拙著『学級集団づくりのための12章』(日本標準　一九八七年)という実践篇をもっていることを付記しておきたい。

一九八七年五月

竹内常一

目次

終章　現代社会における思春期統合　177

I

いじめと友情

1　小学六年女子のリンチ事件

リンチの動機

小学六年のある女子の家で、九人が一人を呼び出して、リンチにかけるという事件があった。九人の女子が後述するような理由から、みつえにくりかえし「注意」をしたのだが、みつえに反省の色がみえないので、「注意」がリンチに発展していったのである。「オムレツ」（スカートをまくりあげて、すそを頭の上でしばる）をやり、「ラッキョ」（パンツを下げる）をやり、ビンタをはり、カッターナイフをつきつけるまでのリンチ行為となったのである。

九人の子どもが「注意」をした背後には、九人全員というわけではないが、それぞれがなんらかのかたちでみつえに不満をもっていたことが第一にあげられる。

① わたしの好きな男の子の名前をみんなにばらした（愛子）。

② わたしは毛ぶかいために「タヌキ」といわれるのがいやなんです。なのに、この間ミュージカルを見に行ったとき、タヌキの絵とわたしを見くらべた（広子）。

③ わたしが色が黒いのを気にしているのを知っているのに、「きのう遊びに来たおばさん、色が黒くて」などとすぐ色の黒い話をする。それがいやなので、何回もやめてといったんだけどやめてくれない（順子）。

④ わたしのそばに寄ってくるとき、体をたたいたり、さわったりするのが気にいらない。わたしの

顔をみるとき、ホクロをじっとみる（さえ子）。

⑤　わたしは目の上が青いんだけど、みつえはすぐにそこに目をやる（和子）。

⑥　わたしは体が弱いんだけど、みつえはすぐその話をする（美子・百合）。

⑦　合唱クラブの練習のとき、一人勝手にいたずら書きばかりしていて、リーダーのわたしの指示に従わない（良子）。

⑧　友だちの悪口をいうのは許せない（鏡子・愛子）。

第二に、リンチ事件以前にも、こういった理由からみんなでみつえに「注意」することが何回かあった。みつえが広子に「そのセーラー服、〇〇円だったでしょ」といったことが、リンチ事件の二週間前にあった。広子が怒り、みつえがあやまって、一応ことはおさまったが、愛子、鏡子らは、広子が許しても、自分たちは許せないとして「注意」をした。このことを担任が学級父母会で学級の様子のひとつとして何気なく話したところ、「みつえはいい子ぶって先生にチクった」と子どもたちは思いこみ、みつえを体育館裏に呼びだしたのである。

リンチ事件とその後

こうしたことが重なって、九人は当日、百合の家に集まって、みつえにもう一度「注意」しようということになったのである。その時点では、良子、百合らは、「遊びながら話そう」と思っていただけで、リンチなどするつもりはなかった。ところが、「注意」しているうちに、愛子、広子、さえ子たちが「キャベツ」「ラッキョ」をはじめ、さえ子が彫刻刀で、愛子がカッターナイフでおどしはじめたのである。あとでわかったことであるが、彼女らにはリンチの意図が当初からあった。

そのとき、良子、百合らはそれには加わらず、本を読んだり、絵を描いたりしていたのだが、リンチになりそうなので良子が「もうやめたら」と止めようとした。ところが、広子に「同情するんなら帰ってよ」といいかえされて黙りこんでしまった。愛子が中指と薬指のあいだにカッターナイフをはさんで、「さあ、どこから切ろうか。ほっぺたあたりは血が出ないんだってよ」と刃を近づけたとき、階下から百合の母親が声をかけたために、リンチはそこで終わったのである。

事件はその日のうちにみつえの従姉妹の口からみつえの母親に伝わり、夜になって母親から担任に伝えられた。翌朝、みつえは「恐い、恐い、学校が恐い」といって、ふとんから出なかったので、担任はみつえを迎えに行き、関係した九人とみつえから事情を聴きとった。そのとき、愛子、広子たちはリンチは当然という態度で、むしろ誇らしげにそれを語った。

担任がみつえを連れて校門をくぐったとき、学級の男子が「みつえ、リンチされたんだって」と話しかけてきた。事件が子どもみんなに知れわたっているようだったので、担任は聴きとった話を学級に報告することにした。それにたいして男子はあきれると同時に、「日頃いい子ぶっているのにかげですごいことをしている」「自分のものさしでみつえをみている」「九人で一人なんて集団いじめだ」と批判した。女子のなかには「みんな好きな人なのに、なんでこんなことをしたの」と泣くものもいた。他方、みつえにも「ひとのいやがることは言わない方がいい」という意見がだされた。そして、みんなの前で両者が謝りあい、和解しあったという。

事件はこのようにして一応の解決をみたが、担任や他の女子の取り組みにもかかわらず、みつえと九人グループとの関係は良くはならなかった。九人グループは愛子・広子グループと良子・百合グループの二グループにふたたび分裂していったが、いずれのグループもみつえとかかわりをもつことを避け、無視しているような状況がその後もつづいた。事件のあと、みつえの親が九人の親に電話で抗議をしたために、親同士の反目がひどくなり、「みつえと付き合うな」という親が何人も出た。

みつえはリンチの痛みから抜け出せないで、友だち関係に不安をもちつづけた。教室にいることを恐れ、授業に参加できないこともしばしばあった。担任の励ましにもかかわらず、みつえは九人といっしょに入部した合唱部をやめることになった。担任がみつえと弓子たちとのあいだに新しい友だち関係をつくろうとしたが、それも成功しなかった。

後日譚になるが、この事件を聞きつけた中学のスケ番グループが、愛子に呼び出しをかけてきた。愛子は、とっさに同級生の男子の兄で、番長グループに入っている中学生に連絡をとって、難をのがれた。担任の指導もあって、いま愛子はスケ番グループと表面上はなんの関係ももっていないが、進学後、両者の間にかならずつながりができるのではないかと恐れられている。

このようにみてくると、事件はみつえの側に登校拒否の可能性を残し、愛子の側に非行化の可能性を残したといっていいだろう。(1)

2　良　子

今日、このようなリンチやいじめ・迫害が小学校から高校の子どものなかにひろがっている。それらはしばしば教師や子どもたちには思いもかけない事件として受けとめられることがある。一体、こうした事件はどのような子どもたちの対人関係から派生しているのだろうか。

「良い子」によるいじめ

この事件でまず注目すべきことは、良子とみつえ、広子とみつえの関係である。良子が合唱部でのみつえの班長であり、広子が学級でのみつえの班長である。女子のなかで弓子とならんで成績のよい良子が、「合唱クラブの練習のとき、一人勝手にいたずら書きばかりしていて、リーダーのわたしの指示に従わない」という理由から、事件に参加していることのなかに、この事件の一面がある。広子もまた良子と似た理由からこれに参加していたと考えると、良子とみつえとの関係のなかに、おくれた子どもをいじめる今日の学校の体質が集中的に現れている。

良子は学級のなかでは成績のいい子であり、弓子とともに学級のリーダー格とみなされている。その良子がこの事件に参加していたことは担任には驚きであったという。しかし、今日の小学高学年のいじめ、とりわけ女子のいじめを調べていくと、良子のような、成績の良い、リーダー格の子どもがしばしばいじめの中心にいることがある。

良子のような子どもは、おそらく小学低学年からずっと学校では「良い子」として暮らしてきたのだろう。しかし、その「良い子」ぶりには、どことなく学校に過剰に適応しているところがあり、学校秩序への服従のしかたのなかにはどことなく強迫的なにおいがあるように思われる。事実、彼女は規則を守ることについては自分にきわめてきびしい子どもであった。

そうした子どもであったから、彼女は、集団的な行動を重視する合唱部でのみつえの行為にもきびしく当たったのだろう。自分をきびしく抑圧しているものは、他者をもきびしく抑圧するものである。それなのに、みつえはリーダーとしての彼女の指示を無視する。それが、彼女には、これまでの自分をすべて否定してくるものに見えたのではないか。だから、良子はみつえにたえずいらいらしどおしであったとみていい。それは、学校規範から逸脱する子どもにいらいらする教師の強迫的ないらだちに似ているといっていい。

だから彼女は、愛子、広子らといっしょに「注意」に参加したのかもしれない。しかし、このような良子の「注意」行為は、少年期的なギャング集団に生ずる「集団いじめ」とはいささか性格を異にしている。

少年期の集団いじめと学校くさいいじめ

少年期のあそび集団は、第Ⅱ章においてくわしくみるように、これまでルール・ブックであったおとなの目から自立して、自分たちでルールを確認しあってあそぶようになる。そのために、かれらのなかに、けんかが絶えない。かれらはけんかをつうじて確認したルールにみんながおなじように従うことを原則とする。かれらは形式的平等を正義とみなすのである。そして、それに反する子どもにたいして、それ相当の罰を加えるのである。これが、この時期の子どもたちにおける集団いじめなのである。だから、いじめが限度をこえて迫害に転ずるときは、かれらはそれを形式的平等に反するものとみなして、それにブレーキをかける。こうしたときに、いわゆるボス退治がおこるのである。

今日、子どものいじめを「集団いじめ」と規定する人が少なくない。しかし、それは少年期的な集団いじめではない。むしろ今日では、少年期的な正義を確定するためのけんかがまったくといっていいほどなく、また少年期的な集団いじめが少ないことが問題なのである。少年期的なけんかやいじめがないということは、少年期的な集団が、ということは、少年期そのものが、変質していることを意味している。

そうだとすれば、良子の「注意」行為はなんだったのであろうか。彼女の行為の背後にあるものは、管理的な今日の学校である。学校的な秩序に過剰に適応している「良い子」や優等生は、学校的秩序に不適応の子どもにたいして、教師がするのと同じように、差別的な対応や管理的な注意をするようになる。つまり、かれらは強迫的に学校秩序にとりつかれているために、それを乱すものにたいしてたえずいらいらした感情をもち、迫害や無視をする傾向をもつ。良子もまた、そうした学校適応過剰の子どもであったから、みつえのような子どもをゆるすことができなかったのではないだろうか。(2)

良い子を威圧する子どもたち

しかし、良子の行為には、いまひとつの面がある。成績のいい弓子と良子が、愛子やさえ子に、あとでみるように、威圧されたことがあった。この事件のあとから、良子が急に愛子に接近しはじめ、ついにリンチ事件にまで参加するようになったのである。この事実は、良子のいじめ行為を、管理主義をバックとする迫害的ないじめと簡単に断定できなくさせている。

良子が愛子のグループに接近し、リンチ事件に参加したことについては、ふたつの見方が成立するだろう。ひとつは、良子が愛子たちに脅されてから、愛子グループを恐れるようになっていたという見方である。そうだとすると、良子のいじめ行為は、優等生によるいじめのように見えるが、実際は良子が愛子たちを恐れて彼女らに従ったのだともみることができる。

いまひとつは、良子がこれまでもっていた学級のなかの主導権を守るために、愛子のグループに接近したという解釈である。いや、良子は愛子に馬鹿にされないために、いじめに加わったのだといえないことはない。事実、小学高学年の女子のなかの「できる」子が自分の主導権を守るために、愛子のような子どもの登場に対抗して、いじめ・迫害をくりかえすということがある。かれらは、そのなかで、しばしば「良い子」としての自分を無意識的にこわそうとしていることがある。(3)

いずれにせよ、良子は、彼女がのべているように、意識的には、みつえがきまりを守らないから注意したのだろうが、良子のなかには、それとはちがう前思春期的な動きが無意識的にあったとみることができる。良子もまた愛子、広子らに刺激されて、無意識に思春期危機に一歩足をつっこみはじめたのである。

3　愛子

学校ぎらいの子ども

愛子は二人兄妹の妹として育った。両親が小さいときから彼女を甘やかして育ててきたために、わがままな子となった。そのために、愛子は小学校に入学しても学校になじめず、かぜ、発熱、自家中毒などでよく休んだ。六年になったいまも、いやなことがあったり、困難なことにぶつかると、ときどき休むことがある。親はこうした愛子を学校になじませようとして、トラブルをくり返してきたが、いまではほとんど愛子のいうままになっている。リンチ事件があったときも、愛子の母親はみつえの親の抗議にあからさまな敵意をみせ、愛子をかばい、みつえと付き合うなと指示した。

愛子の様子が変わりはじめたのは、五年ころからである。彼女はこのころから過保護の母親にあきらかに反抗しはじめた。小学低学年から習わされてきた日本舞踊もさぼりはじめた。どうやら愛子はこの頃から母親から分離・独立するために、親子関係を変えようとしてもがきはじめたとみていい。

愛子を考えるばあい、彼女の親子関係を無視することができない。というのは、そこには、過保護からくる母子関係のもつれがひそんでいるように思われるからである。彼女が入学当初から学校で緊張しすぎたのは、そのせいであり、彼女の学校ぎらいもまたそれと全く無関係ではない。彼女の心気症的傾向は、彼女が学校的秩序のなかで硬直して生きていることをなによりも示している。

一般に、子どもはふつう、三歳ごろを境にして、自他未分の心性をのりこえはじめ、第一次的に自立していくとされている。この時期になると、子どもは自分に由来しない「こと」は他者によるものであると意識するなかで、自己自身を意識し、主張しはじめる。つまり、かれらは他者を自分とは異なるものとして確定していくことをつうじて、自我を確立していくのである。それが第一反抗期をつうじてすすめられ、かれらは第一次的に自立するのである。そうなると、子どもの自我は、親を原像とする内なる「他者」(4)を心の相談相手にし、それと対話するなかで、自己を意識的に実現していくことができるようになる。

ところが、この時期の子どもにとって重要な他人である母親があまりにも許容的であると、内面化される他者はきわめて弱いものとならざるをえない。そのために、子どもの自我はそのとき・その場の自分の欲求に振りまわされることになる。子どもの自我は無意識的な自己の噴出にひきまわされることになるのである。しかし、そうした自分本位的な行為を強く縛る他人や社会に出会うと、自我は逆にそれに呑みこまれてしまう。このために、子どもは表面ではひどく権威に服従的になるが、それはあくまでも表面的なことにすぎず、その自分本位的な傾向はなんら変わらない。

こうした点から愛子をみると、彼女はその甘え・甘やかす母子関係のために、自他未分の幼児的心性をひきずり、自我と他者との分化と、社会的自己の一次的な確定ができなかったといえる。その意味で、愛子の自己体系は不安定であった。そのために、学校生活、とくにその硬直した規則と系統的な学習に適応できなかった。彼女は小学低学年から目立ちたがり屋のくせに、学級のしごとや学習においては成功はしなかった。六年になったいまでも、愛子は清掃や係活動はなまけるし、忘れもの、宿題未提出のナンバーワンでもあった。

友だち関係の発展

とはいえ、みつえが仲間関係にめぐまれなかったのにくらべると、愛子は自分と似たような子、たとえばさえ子のような子となかよくなった。五年ごろから愛子は私的グループをバックにして学級のなかの派手な役割に立候補しはじめた。学級の班長にも何度か立候補したが、一度も認められなかった。それが彼女にたいする子ども集団の評価であったのだろう。しかし、六年になって彼女は学級の応援団長、合唱部の部長に立候補し、その任につくことができた。それは対抗馬がなかったからでもある。

合唱部の部長になってからは、愛子はそれを理由に公然と学級の仕事をさぼるようになった。それだけでなく、学級のなかの女子の問題にかならずといっていいほど首をつっこむようになった。そのころから愛子は、これまでの仲間である幼児っぽいさえ子よりも、学級でいちばん性的にませているといわれている広子と友だち関係をもつようになった。

広子は、両親が離婚し、低学年のころから母親と二人で暮らしている。私立中学校進学をめざしてずっと塾通いをしてきたが、五年ころから成績が上から中へと下がりはじめた。それとともに母親とよく口げんかをするようになった。愛子と広子は、ともに母とトラブルをもっていることから、友だち関係をもつようになったのかもしれない。

さえ子は三人姉妹の末っ子で、いまでも風呂から裸で出てきて、そのままの姿で父親とも話し合うといった子である。学校でも、プリントのまちがいはかならず訂正し、×を○にしてくれとせがみ、担任がそれに応じないとふくれる子である。男子からその幼児っぽさをよくからかわれるが、泣きながらもからかわれているのがうれしいといったところのある子でもある。いまは、愛子と広子のあとをいつもくっついて歩いている。

学校秩序と子どもたちの地下組織

一般に、少年期後期ないしは前思春期においては、子どもたちは徒党集団を基盤にして同年・同年輩の親密な友だち（chum—H・S・サリバン）をつくりはじめる。(5) 愛のはじまりである。そして、こうした親密な友だち関係を核にして、思春期的なピアグループをつくりはじめる。愛子と広子は、まさにこうした前思春期的な親密な友だち関係を結びはじめたのである。そして、五年の後半から愛子と広子とを核とするグループが、学級のなかにはっきりと現れはじめ、六年になるとそれは学級内の一つの勢力となった。

このように親密な友だち関係が子どもたちのなかに生じると、子どもたちは教師との垂直的な関係を避け、水平的な関係のなかに閉じこもる傾向を強くもつという。かれらのグループが坐る場所は、教師の介入を拒否するだけでなく、それをはねかえすような雰囲気というか、熱気をただよわせる。いやそればかりか、このグループが学級の子どもたちを制圧し、学級の主導権をとるようになると、子どもたち全体が教師の指導をうけつけなくなるという。(6)

そうした動きを象徴する事件があった。愛子が合唱部を理由にして学級の仕事をさぼったことが学級会で批判された日の放課後、愛子とさえ子が、「弓（子）ちゃんと良子ちゃんはわたしたちとちがうもんね、いいねえ。おれたちは合唱だけが生きがい。それがあるから学校に来ている。あと勉強するもんなんかありゃしない」(弓子のノートから)と脅したというのである。これ以後、愛子・広子グループは良子・百合グループをまきこむ勢力となり、学級の裏の世界の主導権をとるようになったのである。

このようにみてくると、愛子は広子と前思春期の親密な友だち関係をつくりはじめ、それを核にして、早くも思春期的な地下組織的なグループを形成しはじめたのである。合唱部という集団は、そのグループを擬装する手段でもあった。彼女は合唱部を背景にして勢力をひろげ、学級の弓子や良子のグループに対抗しはじめたのである。それればかりか、その地下組織をつうじて、学校の秩序そのものに反抗しはじめたのである。

前思春期の親密な友だち関係

ところで、一般に、子どもたちのなかに、前思春期的な二人ないし三人の友だち関係が派生してくると、子どもは特定の友だちの喜びや悲しみ、みじめさや怒り、不安や希望を自分のこととして感じるようになるとともに、友だちの名誉、誇り、自己実現のためにつくそうとするようになる。と同時に、子どもは友だちの自分にたいする反応、態度に照らして、自己を見つめ直し、自己をつくり直そうとする。

こうした友だち関係が派生してくると、子どもは現実のなかで自分が背負いこんでいるさまざまな問題をそのなかにもちこんでいく。親との、教師との、仲間との問題だけではなく、自分自身の内面の問題をもちこんでいく。そして、それに友だちがどう反応するか確かめようとする。この意味では、友だち関係は子ども自身を映す鏡である。

また、子どもは、自分の問題にたいする友だちの評価を手がかりにして、それをこれまでとは異なる視点から見直そうとする。そのなかで、かれらは親の評価とは異なる評価を自分にたいしてもつようになる。いや、そればかりか、友だちのまなざしのなかで、かれらは自分のなかのもう一人の自分に目覚めはじめるのである。その意味では、友だち関係は子どもにとっては、親や教師から心理的に自立していくときの根拠地でもある。またそれは、子どもを価値の世界へと導くガイドでもある。子どもは、親密な友だち関係をつうじて、自分たち自身の価値や理想を生みだしていくのである。(7)

このような実質をもつ友だち関係が生じてくると、少年期のギャング集団は思春期のピアグループに変質していく。少年期のそれは、遊びや仕事や学習活動といった目的を、競い合いつつ、団結して追求するゲーム的な集団であったが、いまやそれは自己実現のために、特定の価値ないしは理想を追求していく文化・イデオロギー集団となるのである。

このように、前思春期から思春期にかけての親密な友だち関係は、子どものパーソナリティ形成に決定的な重要性をもつものであるが、そうした友だち関係が愛子と広子のあいだにはじまったのである。そして、それを核にして地下組織的グループが発生したのである。しかも、十分な少年期的な徒党集団の成熟のないなかで、それがはじまったために、それは、少年期的なギャング集団という性格と、思春期的なピアグループという性格を同時に混在させていたといえる。

二人はともに母子関係においてトラブルを抱えており、反学校的傾向をもっていた。そのために、二人を核とした集団は、急速に反教育家族・反学校的な価値志向をもつグループへと変質しはじめたのである。

その際、彼女らの価値志向に道をつけてくれるものがあった。それは商業文化の王座につけられた擬似的な青年文化である。彼女らは、商業文化が宣伝するイデオロギーとしての「女くささ」ないしは「女っぽさ」に熱病的にとりつかれていった。それへの同調競争、というよりは忠誠競争を開始しはじめたのである。そして、そのなかで彼女らはそれぞれに自己を根拠づけようとしていたのである。だから、愛子は広子と付き合うようになってから、急に子どもっぽさを捨てて、「女っぽさ」という「理想」を追求しはじめるようになったのである。

4 みつえ

甘えなかった子から甘えたがる子に

リンチを受けたみつえは、妹が生まれた四年生になるまでは、甘えをあまり見せたことのない、手のかからない、おとなしい子どもであった。ところが、妹が生まれてから急にわがままになり、自分にかまってくれない不満を母親にぶつけるようになった。しかし、母親は、階下に同居している義母に妹をあずけて、スーパーではたらき、夜は妹の面倒をみなければならないために、みつえにかまってやれないでいた。いやそれどころか、急にわがままになったみつえを叱りつけ、もとの「手のかからない、おとなしい子」に閉じこめようとした。このためにみつえはますますいらだち、それが母子関係をいっそう悪化させることになった。

このことは、みつえの自己体系が大きく揺れはじめたことを意味しているように思われる。みつえは、新しく発展していく母―妹関係を見るにつけ、これまでの母―自己関係の貧しさに気づきはじめたのかもしれない。そのために、これまでの母―自己関係のなかで押さえこまれていたものがみつえのなかで目覚め、噴きだしはじめたのかもしれない。

みつえにおける自己の解体と再編成のはじまりは、現象としてはわがままとして現れたのだが、それはみつえにとっては押さえようにも押さえきれないものであった。噴きだしはじめたもう一人の自分を自己のなかに統合していくためには、それを受け入れてくれる他人が必要であるのだが、みつえにはそうした他人がいなかった。いちばん近くにいる母親さえそれを受け入れなかった。いや、それどころかそれを拒否し、押さえこもうとした。だから、みつえはいらだちのなかで孤独であった。

学校秩序に形だけ適応している子ども

学校でのみつえは、成績は下位グループに属する子どもであった。国語の教科書の漢字にはほとんどふり仮名をふっているが、読ませるととぎれとぎれで、意味も充分にとれない。学級生活でも言語的、身体的行動の鈍い子である。算数も割り算のところでつまずいているために、五、六年の算数の内容はほとんど理解できないでいる。しかし、授業中はともかく板書されたことはきちんとノートをとる。なにごとについても几帳面であるが、動作の緩慢な子であった。こうした彼女の学習態度には、今日の子どもにひろくみられる強迫的黙従の傾向が感じられる。それは、家庭での彼女のおとなしさと対応するものでもある。

ところが、家庭のなかで母―妹関係が発展しはじめたころから、学校でのみつえの様子が少しずつ変わりはじめた。以前は緩慢ではあるけれど几帳面であったから、ともかくも集団についていっているようにみえたが、このころから集団から離れ、ひとり自分勝手なことをすることが多くなった。しかし、ひとり自分勝手なことをするといっても、みつえの行動は反集団的というよりは、非集団的なものであった。

少年期集団と子どもたち

五年生というと、一面では、少年期のギャング集団が一定の完成度に達する時期である。そうなると、もう子どもたちは、次第に親や教師のいうことよりも、ギャング集団の要求にしたがうようになっていく。この意味では、少年期は中間反抗期であるのだ。

ところで、かれらの対人関係がこのように変化していくということは、かれらの自己体系もまた変化しているということでもある。かれらはこれまでは親を原像とする「重要な他者」とのかかわりで自己をつくってきたが、いまやかれらは行動的な規律のもとにあるギャング集団を内面化して、自己のなかに「一般化された他者」(8)を発展させ、それとのかかわりのなかで自己をつくっていくようになるのである。このなかで、かれらの自我は少なくとも意識的な行動主体となるのである。(9)

ところが、この時期になっても、こうした行動主体を形成することのできない子どもがいる。こうした子どものなかには、肉体をもった仲間といっしょに遊んでいるようであっても、実際には少しもかれらと協同行動をとることのできないものがいる。こうした子どもの遊び相手は、肉体をもった現実の仲間ではなく、肉体をもたない幻想の仲間なのである。また、教師の指示があると、それにしたがって一応は遊びやゲームに参加はするが、すぐにそれからおりてしまい、二度とゲームには戻ろうとしない子どももいる。こうした子どもたちは、組織的な規律の追求を最大の課題とするギャング集団から非難の対象、集団いじめの対象に据えられる。

こうした子どもたちをいまドッジボールのなかにおくと、つぎのようになるかもしれない。前者は見かけはそれに参加し、よく動くかもしれない。しかし、ボールから逃げているばかりで、滅多にボールにさわろうとしない。かれらはボールを避けることをひとりで楽しんでおり、ふしぎなことにしばしば最後まで陣地に残るのである。他方、後者は逃げることも下手で、すぐに当てられる。陣地の外に出されると、もう二度と陣地に戻ろうとしない。それどころか、地面にしゃがみこんで一人遊びをはじめる。いずれも仲間と競い合い、協力し合ってゲームを楽しむことができないために、集団からとりのこされたり、集団から非難されたりするのである。[10]

みつえはどちらかといえば、後者に近い子であった。彼女は、幼年期の抑圧的な母子関係のために、自己を抑圧し、他者に黙従する傾向をつくってきたが、そうした傾向は、学校での権威的な教師―生徒関係のなかでより強化されることになったのだろう。それに加えるに、仲間関係が薄かったために、幼年期からの親子関係を行動的につくりかえていく中間反抗期としての少年期を経験することがなかった。このために、彼女は幼年期からの自分をつくりかえることなく前思春期を迎えたともいえる。

親密な友だちを求めて

こうした条件のために、みつえは、内面から噴きだしてくる自己を受けとめてくれる思春期の親密な友だちももつことができなかったのである。彼女は、自分のなかから噴きだしてくる、正体のはっきりしないものにさらされて、茫然としていたために、これまでのように集団に外見だけでも合わせることもできなくなったのである。このために、組織的な密度と正確さを高めつつあった合唱部という集団からも、また、親密度を強めはじめたこの時期の友だちからも注意・非難されるようになったのである。

こうしたなかで、みつえは徐々に学級内の反集団的なグループともいうべき愛子たちに近づいていった。その接近は、彼女らこそ自分を受け入れてくれる友だちと思われたからかもしれない。しかし、みつえは彼女たちのなかにうまく入りこむことができなかった。

五年当初の愛子たちは、前思春期に入りはじめたこのころの女子がそうであるように、たがいに身体や容貌のことを言葉あそびとして話し、笑い、興じていたといえる。それは前思春期によく見られるふざけであり、馬鹿さわぎでもあった。実際、事件発生当時でも、愛子たちの内輪のグループには、こうした傾向が残っていた。しかし、この時点では、身体や容貌に関する彼女たちの会話は、前思春期な快活さから徐々に思春期的な真剣さに変わりはじめていた。愛子たちにとっては、身体や容貌は自己の性的アイデンティティにかかわる真剣なものに変化しはじめていたのである。

しかし、みつえには、身体、容貌、服装、異性、身体間の距離などが、それほど彼女らにとって価値的なもの、精神的なものだとは思えなかったのだろう。だから、みつえは相手の弱点を即物的につくことができたのではなかろうか。とはいえ、それは、みつえが愛子たちのグループに入りたいための精一杯の努力であったのかもしれない。いや、それは愛子たちにたいする彼女の精一杯のおべっかであったともいえる。ところが、こうしたみつえの言動は、いまや熱病的に性的アイデンティティを追求しはじめた愛子たちを深く傷つけた。だから、彼女たちはみつえの言動に敏感に反応したのである。

こうした愛子たちの反応をみつえはどう感じとったのか。みつえは担任に「みんながそんな話をしてたから自分もした」といったところをみると、意識面ではみつえは自分が「友だち」として愛子たちに受け入れられたと思っていたのかもしれない。みんながおもしろがるから、そうしたことをくり返し話したのかもしれない。

しかし、はたしてそうだろうか。

友情にもとづく関係と憎しみにもとづく関係

みつえは無意識的ではあるが、自分の言動が相手を深く傷つけることに気づいていたように思われる。どこかでそれに気づいていたから、みつえは、反集団的ないしは非集団的という意味で自分と似ているが、自分を嫌い、避ける愛子たちにたいして憎しみの矢を放っていたのではないか。そうすることでもって、みつえはこれまで抑圧してきた自己を無意識のうちに解き放っていたのではないだろうか。

彼女は愛子たちにおべっかをつかいながら、実は無意識に他人にたいする自分の憎悪をもらしていたのではないか。抑圧されてきたもう一人の自分は、このように無意識的にもれだすのである。そうでなければ、子どもたちが証言するようなみつえの行動、すなわち相手の弱点を的確につく彼女の言動は十分に理解できない。みつえは友愛にもとづく友だち関係を求めながら、憎しみにもとづく友人関係をつくったのであり、似たものをいじめることをつうじて自分を解き放とうとしたのではないだろうか。

みつえは愛子たちにくり返し「注意」されても、その言動をやめなかった。彼女はくり返しあやまったが、その言動を改めなかった。そのことは、みつえの言動が彼女自身の内的葛藤に根をもち、それの無意識的な行動化であったことを示している。さらに、みつえは校庭に呼び出されたときも、百合の家に呼び出されたときも、リンチされるかもしれないことを知っていた。けれども、みつえは呼びだしに応じた。「注意」され、威嚇され、暴力をうけても、みつえは逃げようとはしなかったし、反抗もしなかった。それは、みつえが萎縮してそうなったのかもしれないが、しかしそれ以上に、友だちを失うことがみつえには耐えがたかったからでもある。みつえにとっては、愛子たちだけが自分を内的葛藤から解放し、自己の解体と再編成を可能にしてくれる仲間だったからである。

しかし、いまや「女っぽさ」という価値にむかって同調競争を開始し、その価値基準のもとで均質化と差異化を示しはじめた集団にとっては、みつえの言動は攻撃的なものにみえた。いや、彼女たち自身が、みつえの指摘するような自分の弱点にいらいらしていたからこそ、みつえの言葉を見逃さなかったのではないか。みつえは彼女らの価値基準からみると、はずれている存在なのに、そのみつえが自分たちのもっとも削ぎ落としたいものをあけすけに指摘するために、許すことができなかったのである。だから、彼女らはみつえをいじめ、迫害しようとしたのではないか。同調と排除、忠誠と迫害という集団的なダイナミズムがリンチ事件となったのである。

リンチ事件のために、みつえは、ありのままの自分をまるごと受け入れてくれる他人が一人もいないことを思い知らされたのである。良子に代表されるようなグループも、愛子に代表される反集団グループも、自分を拒否するものとして、自分のまえに存在することをみつえは知ったのである。それが「恐い、恐い、学校が恐い」という言葉の直接的な内容である。だが、その言葉の裏側には、自己解体のなかに巻きこまれ、自己の再編成の見通しをまったくもてなくなったみつえがいた。

5　友だち関係のもつれとしてのいじめ

友だち関係と自己の解体再編

このようにみてくると、愛子にしても、みつえにしても、親とのトラブルをもち、親にひどく逆らうかと思うと、次の瞬間にべたっと甘えかかる振子現象を示していた。それは子どもが幼児期以来の親子関係の変化を求める信号であるのに、二人の親もそして教師もそれに気づかなかった。そのためもあって、彼女らは友だちを求め、これをバックにして親や教師に反抗するようになった。前思春期から思春期の子どもは、すでにみたように、友だち関係を発展させていくことによって、親や教師から心理的に離乳していくと同時に、そのなかで自己の解体と再編成を進めていくのである。

しかし、みつえにとっても、愛子にとっても、友だち関係は順調に発展したわけではなかった。彼女らの友だち関係のなかには、いくつかのいじめがあり、それらが次第にリンチ事件をつくりあげていったともいえる。

みつえのばあい、小学高学年になるまで友だち関係は薄かった。これといった遊び仲間がなく、徒党集団に組織的に属するということがなかった。彼女は高学年になってはじめて友だちらしいものをもつことができただけである。彼女はそこを根拠地にして自己の解体と再編成をはじめようとしたのだが、彼女はその友だち関係のなかにうまく入ることができず、友だちとくり返しトラブルをおこすこととなり、ついにはそれからしめだされることになった。

みつえの友だち関係をみると、みつえはたしかに友だちからいじめられてはいたが、すでに見てきたように、みつえにもいじめの側にまわる可能性があった。みつえは愛子たちには迎合したが、順子や美子や百合たちにははっきり悪意を言葉で示していた。そこには、内的な葛藤を自分よりは弱いものにぶつけていくという、また、人に構ってもらいたいために、人に執拗に構いつづけるという「弱いものいじめ」の要素があった。それはみつえの交わり能力の未発達に由来するものであったにしても、みつえはそうすることでもって自分の内的葛藤を解き放っていたのである。みつえは友だち関係をもとうとしながらも、それをこわしていたのである。

似たもの同士のいじめ

つぎに愛子についてみると、彼女もまた友だち関係をつうじて、幼児期以来の親子関係から離脱し、学校との関係のなかでつくられてきた心気症的傾向をもつ自己を解体しようとしていた。そして、学校のなかでつねに否定的な評価を受けてきた自己を、青年文化のなかで再評価しようとしていた。

そうしたなかで、愛子は自分に接近してくるみつえを嫌い、みつえに意地悪をした。それは、おそらく愛子とみつえとが似たもの同士であったからであろう。二人とも学校からも、子ども集団からも疎外されてきたもの同士である。だから、愛子にとっては、みつえは、自分が振りきろうとしてきたこれまでの自分そのもののように見えたのではないか。それは、ちょうど愛子が広子のなかにこれからの自分をみたのとは正反対のものであった。だから、愛子はみつえを受け入れることができず、彼女に意地悪をしたのである。愛子は、みつえを見ると、良子以上にいらいらしたのではなかろうか。こうした「似たもの同士のいじめ」は、少年期前半におこる弱いものいじめとは異なる。それはたしかに相手が弱いからなされるにちがいないが、それ以上に相手の人格が憎いから、相手の行為のひとつひとつが気にさわるからおこなわれるのである。

こうした点からみると、みつえも、自分よりは弱いものである美子や百合にたいしては、愛子と同じく「似たもののいじめ」をしていたともいえる。

さらにいまひとつのいじめが愛子・広子のグループのなかに生じていた。それは、前思春期から思春期の子どもがおこなう馬鹿さわぎ・ふざけにともなういじめである。彼女らはたがいに容貌や身体についての批評をしながら、たがいにいじめあっていたのである。そして、彼女らはそうしたいじめ関係ないしは冗談関係のなかで少しばかり退行して、学校くさい自分をこわしていたのである。もちろん、ときには、そうしたなかでスケープゴートにされて、いじめぬかれるものもいないわけではないが、それにもかかわらず馬鹿さわぎ・ふざけにともなういじめは、多くのばあい、友情に支えられていて、迫害にはならないものである。

他方、良子は合唱部の班長としてくり返しみつえに注意をしてきた。そして、ついにリーダーとして注意するというかたちでリンチ事件に参加することになった。ここには、少年期的な集団いじめとはまったく異なる「学校くさい」いじめがある。今日、学校の規則違反を攻撃する学校くさいいじめが、小学校の中学年を中心にひろく見られるのは、小学校における管理主義の深さを示している。それに、それは活発な少年期集団の不在を示してもいる。このために、この事件には、少年期的な集団いじめの様相はないといっていい。

迫害的ないじめ

さらに、愛子・広子たちがひとつの勢力として学級に浮上しはじめたときに、彼女らは良子と弓子とにたいしてリーダーいびりをおこなったことをあげることができる。これは、彼女らが学校文化のなかで主導権をとっているものにたいしておこなった攻撃であり、おおげさにいうならば、イデオロギー的な主導権争いをふくんでいたのである。実際、このリーダーいびりを契機にして、学級集団の雰囲気が学校くさいものから青年文化的なものに変化したのである。そうしたなかで、良子を中心とするグループが、愛子・広子のグループに屈伏したのである。

このようにみてくると、リンチ事件は、こうしたいじめが重なるなかで生じたといっていいだろう。とりわけ、それは、リーダーいびりのなかでみられるような文化・イデオロギー的な主導権争いと深く結びついているように思われる。なぜならば、このリンチ事件には、それに参加した子どもたちの動機はどうであれ、文化・イデオロギー的なグループに変質しはじめた愛子・広子グループによる異分子迫害という特徴があるからである。

文化・イデオロギー的なグループによる「迫害的ないじめ」の芽は、弓子や良子にたいする「リーダーいびり」という形ではじまっていたのである。しかし、それがいまや自分たちの集団にありながら、その異分子であるみつえに向けられたのである。その意味では、この事件は、自分たちのグループの同調的傾向、均質的状況に同化しようとしないもの、同化できないものにたいする迫害と差別であった。そして、そこにこれまでのいじめが流れ込んでいったのである。

今日の学校にひろく見られる、思春期の子どもたちのいじめの大半は、こうした迫害的ないじめである。それは、さきに見た学校くさいいじめの裏返しなのである。かれらはそうした形で学校に復讐しているのかもしれない。またそれは、学校社会やおとな社会における同調と排除、忠誠と迫害のカリカチャーであり、パロディなのである。

友情をもとめてのトラブル

ところで、一般に、学校社会のなかでいじめや迫害がおこると、教師はこれを非道徳的行為として一方的に批判するか、両方ともに非があるとしてその場を収拾しようとする。たしかにそれは子どもの人権にたいする差別的な攻撃であるから、子どもに人権侵害の事実をはっきりと知らせ、感じさせなければならないであろう。

しかし、それは、他面では、子どもたちの友だち関係のもつれであり、友情を求めてのトラブルでもある。子どもたちは友だち関係をつくることをつうじて、幼児期以来の対人関係をこわし、これまでの自分をこわそうとしているのである。友だち関係のなかでのいじめのひろがりは、対人関係の組みかえ、自己の解体・再編とまったく無関係ではないのである。実際、多くのいじめは、関係のない子どもたちのなかにではなく、むしろ関係のある子どもたちのなかに派生しているのである。

そうだとしたら、一方的な道徳的批判や一時的な事態収拾だけでは、今日的ないじめの構造は解決しない。いじめや迫害を克服したとしても、それがみつえの場合のように、「シカト」(無視)ということになったら、子どもはまったく友だちをもつことができなくなり、孤立するしかないのである。いじめられなくはなったが、「シカト」されるようになったために、その子どもが登校拒否になったというケイスもある。

今日的ないじめと迫害の構造を克服するためには、そうしたいじめや迫害を生み出している子どもたちの交わり関係と集団関係のもつれや、そのなかでの子ども一人ひとりの自己の解体・再編成のもつれを指導の対象とし、子どもたちのなかに自立と友情と連帯を確立していくことが必要なのではないだろうか。そうした取り組みを進める以外に、今日的ないじめの構造を克服していく道はないのである。いじめのひろがりの裏側で、子どもたちは友だちを求める必死の努力を重ねているのである。それを無視して、「いじめを根絶する」といったスローガンを掲げると、それは子どもの友だち関係そのものの撲滅運動となるだろう。このスローガンには権力的なものの、またおとなの思いあがりがあるようにわたしには思われてならない。

いじめの行方

いま子どもたちの友だち関係を育てていかなければ、わたしたちは将来大変なツケを支払わなければならないだろう。というのは、前思春期に同性・同年輩の親密な友だち関係をもてなかった子どもたちは、性的衝動にさらされるようになる青年期に、性的衝動を個人的親密さに統合していくことができなくて、苦悩の多い青年期遍歴を強いられることになるからである。こうした子どもたちに性と愛を統一する残された方法は、「性を恥ずべき異物としてひそかに悩むという生き方」「漁色的な生き方」「非常識な片思い的恋愛」の三つぐらいだといわれている。(11) 前思春期に友だちをもてなかったこと、とりわけいじめのなかで友だちをもてなかったことのツケはこれだけにとどまらないであろう。子どもは親友という名に値する友だちがなければ、前途にひろがる長い青年期を踏破できず、絶望的な青年期遍歴を強いられる。子ども社会のなかのいじめの構造のツケは、ステューデント・アパシーのような今日の青年期現象のなかにいまや明確なかたちをとって現れつつある。

(1) このリンチ事件は、一九八三年、東京・北多摩の生活指導サークル「トマトの会」において山口美晴によって報告されたものであるが、ここに報告してあるのはかならずしも事実そのものではない。
(2) 今日の集団いじめのなかには、教師がつくりだしたいじめが多い。そうした事実は、いじめのひどい学級を途中から受けもたされた教師の実践記録のなかから読みとることができる。たとえば、松本美津枝「いじめっ子のやさしい面をのばす」(尾木直樹他編『いじめを超えて』学陽書房　一九八六年所収)、宮本誠貴「学級に自立と連帯を」(日教組全国教育研究集会生活指導分科会大阪報告書　一九八六年)などを参照されたい。
(3) 黒木武夫「わたしは『あやつり人形』じゃない」(『生活指導』一九八七年四月号所収)は、小学高学年の女子のすさまじいいじめが報告されている。ここには、有名私学進学希望の女子が、ツッパリの女子によるいじめに対抗して、いじめをくりかえし、そのなかで塾通いの自分の葛藤を噴き出した事件が報告されている。ある意味では、これは今日の小学高学年の女子におけるいじめ・迫害の構造を典型的に示しているといえる。
(4) ワロン『身体・自我・社会』(ミネルヴァ書房　一九八三年)
(5) H. S. Sullivan *"The Interpersonal Theory of Psychiatry"* (Norton, 1953).
(6) 小浜逸郎『学校の現象学のために』(大和書房　一九八五年)
(7) Sullivan 前掲書。サリヴァンの人格発達論と対人関係論については、坂本健二『人間関係の病』(弘文堂　一九七九年)を参照されたい。また、前思春期から思春期の親密な友だち関係については、笠原嘉『青年期』

（中公新書　一九七七年）を参照されたい。

（8）G・H・ミード『精神・自我・社会』青木書店　一九八三年

S. R. Ascher & J. M. Gottvan (ed.) "*The Development of Children's Friendship*" (Cambridge University Press, 1981).

（9）子ども集団における規則意識の発達についてはピアジェ『児童道徳判断の発達』（同文書院　一九五四年）を参照されたい。

（10）少年期の子ども集団については拙稿「遊び集団に教育力はあるか」（柴田義松他編『教育学を学ぶ』有斐閣　一九七七年所収）、「社会性の発達と教育」（岩波講座『子どもの発達と教育』第五巻　一九七九年所収）を参照されたい。

（11）笠原嘉　前掲書

II いじめと迫害

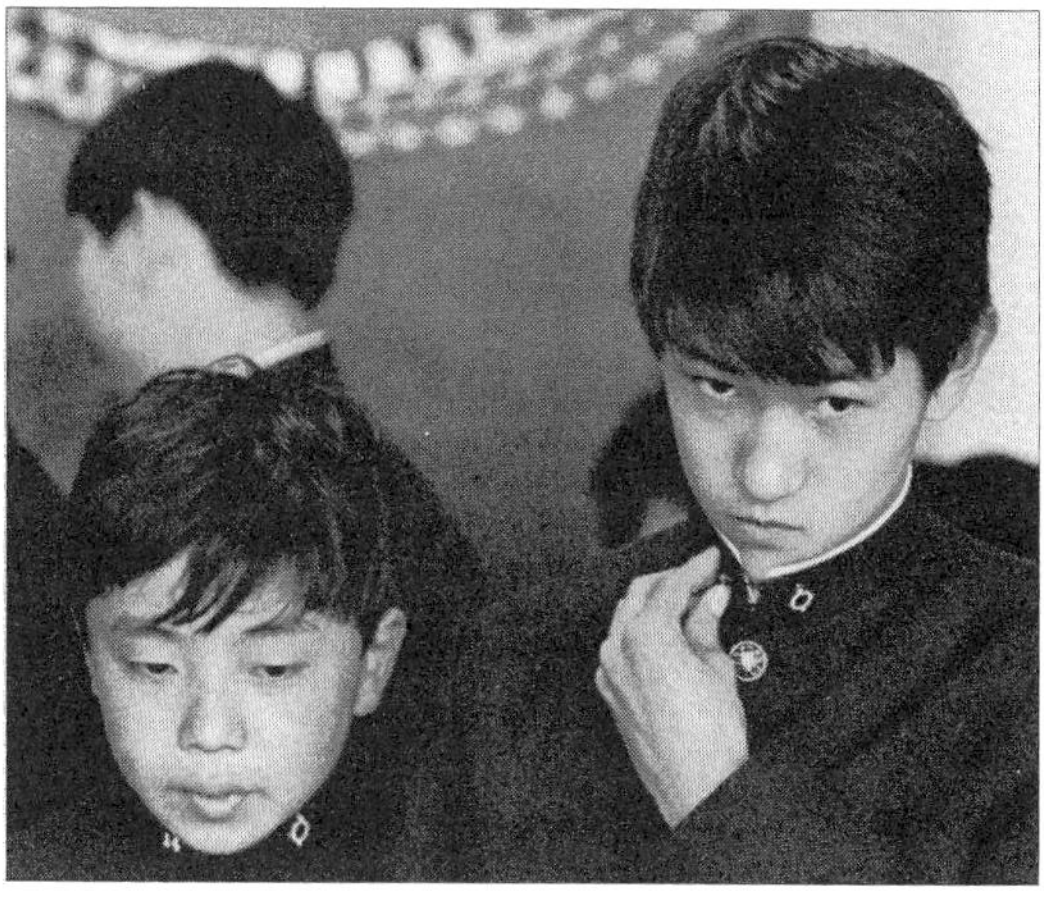

1　幼年期から少年期にかけての弱いものいじめ

いじめとはなにか

「いじめ」とは、辞書によると、「〔弱い立場にある者に〕わざと苦痛を与えて、快感を味わう」こと（『新明解国語辞典』三省堂）とされている。

しかし、子どもはかならずしもわざといじめをはじめるわけではない。かれらはいじめを意識的にするというよりは、むしろ無意識的にはじめるのである。だが、それがくり返されるにつれて、次第に意識的ないじめに転化していくのである。

同様に、幼年期から少年期にかけてのいじめは、ある子どもが他の子どもに構うという、個人的な行為としてはじまる。しかし、それがくり返されるうちに、次第に集団によるいじめ行為に転化していくのである。

こうして、子どもたちは、直接的、間接的に、いじめ行為を集団的、かつ意識的におこなうようになるのである。そして、それを、集団をつくる方法の重要なひとつにしていく。その意味では、いじめは、子どもの社会制作のし方のひとつである。かれらは、いじめをつうじて、集団のなかに社会的統制の体系をつくっていくのである。そして、それが、現実の社会における支配―被支配の関係を呼びこむのである。そのとき、いじめは迫害へと転化していく。

そこで、いじめと迫害が、子ども集団の発展とともに、どのように発展していくのか、また、それらが、家庭や学校、さらには社会との関わりのなかで、どのようなものに変質していくのかについてみることにしよう。

いじめとけんか

幼年期から少年期にかけての子どもは、集団的にあそんでいるようにみえても、実は集団のなかで一人あそびをしていることが多い。一人ひとりが約束事やルールを自分本位的に理解して、自分勝手にあそんでいるのである。かれらが集団的にあそんでいるように見えるのは、バラバラにあそんでいる子をおとながまとめているからである。おとながルール・ブックであるからである。

しかし、そういうおとながいても、またいなくても、かれらはあそびのなかで友だちとぶつかりあい、けんかをする。かれらは、それをつうじて相互に共通の約束事やルールを発見・発明し、徐々にそれにもとづいて自分たちだけで協同行動をとることのできる少年期に入っていく。それとともに、ゴッコあそびに興じていたあそび仲間が、ゲーム的なあそびに興ずるギャング集団へと転化し、おとなの監督から独立していくのである。

ところが、こうしたあそびのなかで、自分の内的葛藤を行動化（アクティング・アウト）して、一方的に他の子どもを攻撃するものがいる。いわゆる、弱いものいじめのはじまりである。また、脅しや暴力によって、自分本位的なルール理解を集団におしつけ、それに反するものをいじめるものがでてくる。少年期初期の、ボスによるいじめである。

けんかには、当事者双方の自己主張があり、対等・平等関係への志向があるのにたいして、いじめでは、いじめる側がいじめられる側を一方的に圧倒する。けんかがいじめに転化することもあれば、いじめがけんかに転化することもあるが、近年の子どもにあっては、けんかがまったくといっていいほどないのにたいして、いじめが圧倒的に多い。(1)

構ってもらいたいために構う子ども

一般に、この時期のいじめっ子は、低所得階層の、それもまた家族解体のなかにある子ども、また、親子関係においてトラブルをもっている子どもであることが多い。具体的には、親に愛されたことのない子、親に見捨てられている子、親の気分本位の叱責や体罰にさらされている子である。この時期には、まだ中流階層の教育家族の子ども、すなわち、親の過期待と過干渉のなかで育ってきた子どもは、陰湿ないじめはすることはあっても、いじめっ子としては登場してこない。かれらが登場してくるのは、少年期後期になってからである。

ここに小学一年の省吾という子どもがいる。かれは、酒乱で家庭内暴力のはげしい父と、衝動的に暴力的な折檻をくりかえす幼児虐待の母親によって育てられてきた。両親は、かれが三歳のときに離婚。以後、仕事をもつ母と暮らしてきた。

かれは入学後数箇月しても、学校生活になじまず、学級集団にもはいってこないで、登校するなりひとりぼっちで粘土いじりや砂場あそびをする。朝礼のときもひとりしゃがんでなにかしている。

それを校長に注意されると、校長ににらみかえす。それくらいだから、自分にかかわってくる友だちにも、すぐに殴りかかる。わけをきくと、「ぼくを悪い子だって言った」という。さらには、酔っぱらいのように、あたりちらし、批判でもされると、パニック状態におちいり、そのあと疲れきって眠りこんでしまうのである。(2)

この省吾にみられるように、かれらにあっては、親が、人生において最初に出会う重要な他者としての役割をはたしてくれなかったのである。かれらに寄りそい、かれらとともに世界を生きてくれなかったのである。そのために、かれらは心のなかの相談相手になってくれるような「他者」をもてないでいる。自分のなかに、自己を受容し、支持し、ともに生きてくれるような「他者」をもてないでいるのである。

このことは、かれらが親によって生きるに値する「世界」をも与えられなかったことを意味している。かれらは、生きるに値する「世界」を失い、もぎとられているのである。だから、かれらは、「他者」に支えられながら、「世界」にむけて、自己を発展的に表現していくような自我をつくりだすことができないのである。

このために、かれらの自己は、無差別にあふれでて、自分本位的な行動、それも他人にたいして攻撃的な行動をとるのである。その攻撃をつうじて、かれらは無意識的に他者にたいする憎悪と敵意を噴きだしていくのである。かれらの行動が度をこえたものとなるのはこのためである。それが他の子どもを恐れさせるのである。しかも、そこに、後述する博にみられるように、被害感覚のつよい強迫的な子どもたちがいるために、子どもたちの関係はいじめ・いじめられ関係にすぐになってしまうのだともいえる。

しかし、だからといって、いじめっ子はただ憎悪と敵意だけからそうしているのかというと、かならずしもそうではない。かれらは自分に構ってもらいたいために、他の子どもに構っているのである。その意味では、いじめは、愛情欲求でもある。かれらはそれをつうじて、自分を受け入れ、意味づけてくれる他者を無意識的に求めているのである。そうした他者を手がかりにして、失った「世界」を取り戻し、自我を生みおとそうとしているのである。この意味では、いじめはいつも両面価値的である。

しかし、こうしたかれらの行為は、学校でも、また社会でも、非難の的にされる。それどころか、「いじめを根絶する」というスローガンにもみられるように、学校はかれらの行為を秩序に反するものとして弾圧し、それでもだめなときは学校から排除しようとする。学校はかれらの行為を「弱いものいじめ」と規定して、かれらを罰するのである。

弱いものいじめの本質

ここに、「弱いものいじめ」の本質が露呈している。いじめられっ子は、たしかにかれらからみても「弱いもの」に相違ないかもしれないが、実は、学校からみても「弱いもの」であるのだ。いじめっ子はもともと無差別に他を攻撃するのであるが、やがて学校秩序の周辺ないしは底辺にいるものにたいしていじめを集中していく。この底辺にいる子らは、ひとつ狂うと、学校から脱落する危険性をかかえている子であることが多い。だからこそ、いじめっ子はかれらに構い、かれらを友だちにしようとしているのかもしれない。

また、「弱いもの」が学校秩序の周辺ないしは底辺にいるものだからこそ、教師もまわりの子どもも、あの子はいじめられてもしかたがないんだ、いや、いじめられたほうがいいんだと思うのである。もしかしたら、弱い子がいじめられていることで快感を味わっているのは、いじめっ子ではなくて、いじめを黙認しているかれらであるのかもしれない。かれらが、いじめっ子を使って、いじめているのである。

本当のいじめの張本人はつねにかくれているものだ。

しかし、いじめが限度をこえたものになると、また多数の子どもにおよぶようになると、教師はかれらの行為を「弱いものいじめ」と断定して、いじめ狩りにとりくみ、学校秩序を強化していくのである。いじめっ子は、泳がされたうえで、取り締まられる犯罪者のように、利用されているのかもしれない。

2 迫害的ないじめの萌芽

ところが、こうした崩壊家族や低所得階層の子どもたちによるいじめがひろがりはじめると、かならずいま一方に、これとは別の弱いものいじめが、中流階層の子どもたちの手によっておこわれるようになる。

教育家族の子ども

これらの子どもは、小さいときから、学校的な価値を絶対視する親の期待にみちたまなざしのなかで育ってきた。しかし、このまなざしは、子どもがその期待を裏切ったときは、ただちに苛酷なものになるまなざしである。教育家族の過期待・過干渉の親のまなざしとはそうしたものである。このために、子どもたちはその内面にいつしか自分を支配する「他者」を取り込んでいくのである。そして、かれらの自我はこの支配的な「他者」に呑みこまれて、自分をつねに抑圧し、その期待にそった社会的自己をつくっていくようになる。

こうした子どもは、学校に行くようになると、その内なる「他者」を教師に投射していくために、かれらは教師の期待や意向に必死に応えようとする。また、教師や学校がそうした「他者」をさらに強化していく。このために、かれらは学校秩序に囚われて（imprisoned）、それに過剰に適応する強迫的な子どもになっていく。忘れものに気をつかい、給食のメニュウに一喜一憂し、教師の視線に脅威を感ずる子どもがでてくるのである。

まさにこのために、かれらは内面に底深い不安をかかえなければならないことになるのである。というのは、かれらがもし学校的なまなざしに応えられないときは、かれらは内外のそれからつめたくまなざされることになるからである。このために、かれらは無力感・不確実感・自己不全感などの不安のなかにたたきこまれることになる。そうしたとき、かれらはますます学校に強迫的にこだわり、しがみつくことによって、この不安に耐えようとする。これが、学力・忠誠競争にのめりこんでいく強迫的な子どもの原型である。

かれらは、いつも勝ち負けにこだわり、懲罰を好み、嫉妬心・猜疑心が強く、被害感覚と傷つきやすさをもつことになる。こうした強迫的な傾向のために、かれらはいつもだれかを攻撃しようと身構える。かれらは、そうすることによって不安から逃れようとしているのである。この点では、かれらもまた、崩壊家族の子どもたちと同じく、他者にたいする憎悪と敵意を心の奥底にかくしもち、世界と競争的にしかまじわれないでいるのである。

ここに、博という小学一年生がいる。かれの母親は、小さいときから、かれにきびしく勉強をさせてきた。友だちがきても、勉強がおわるまで遊びに行かせない。

かれは入学早々から、たとえば朝礼のとき、一番前にきて、「前へならえ」と号令をかけて、教師の代わりをする。そして、みんながいうことを聞かないと、告げ口をする。みんなが批判すると、一番前に並んでいるからそうすることができるのだといってきかない。かれは学習面ではできる子であると同時に、なにでも一番でないと気がすまない子である。だから、かれは、学校のなかに埋めこまれている競争にはきわめて過敏に反応してくる。

ところが、友だちのことには、一向に関心がない。たとえば、さきの省吾が学校をつづけて休むと、「今日も省吾君がお休みなので、静かだったから気もちがよかったです」と平然という。かれには、こうした無神経さ、傲慢さ、尊大さが目立つ。

こうしたかれを友だちが非難すると、かれはたとえば靴をかくすとか、女の子の机の下をゴミで一杯にするといった陰湿な報復行為にでたり、教師に「みんなはぼくばかりにきびしい。ぼくはいじめられた」と告げ口する。さらには、教師さえもがヒヤッとするような懲罰を加えるべきだと平然としていってのける。

教師が聴きとったところによると、かれは「お母さんはオニになってぼくをいじめるねん」という。しかし、母親は「うそをつくんです。ずるくて、ごまかそうとするから、今のうちにきびしくしてるんです。わたしはきついんです(3)。ほうきやふとんたたきでたたくことがあります」と答えている。問題の所在がわかっていないのである。

学校くさい迫害的いじめへ

これが、わたしのいう学校適応過剰の子どもの原型である。こうした子どもたちは、まずは教師の意図に過敏だから、教師が見下し、軽蔑しているような子どもを敏感に察知して、かれを攻撃の的にする。たとえ教師がそうは思っていなくとも、かれらはそうだと思いこむ。このために、かれらもまた、いじめっ子たちが標的とするような子どもを標的とするのである。

さらに、かれらは、いじめっ子たちが学級をゆさぶるようになってくると、被害感にとりつかれる。その不安から逃れるために、かれらはさらに弱いものいじめをおこなうようになるのである。

このようなとき、早くも小学校低学年からでも、学級全体をまきこんだ迫害的ないじめがひろがっていくことがある。その原因は、多くのばあい、崩壊家族や低所得階層のいじめっ子にあるようにいわれるが、実はそうではない。教師の支配的かつ差別的なまなざしにその原因があるのである。そのもとで、子どもたちはいじめを公然とおこなうのである。その意味では、かれらのいじめは、教師を頂点とする学校くさい迫害的ないじめである。

これらの子どもは、いじめ行為をしていても、教師の意図をよんで、あぶないと思うとすぐにやめる。そして、自分たちがいじめていたにもかかわらず、いじめ行為のすべてをいじめっ子にかぶせる。そればかりか、自分たちもいじめっ子にいじめられているんだとさわぎだすのである。たしかにいじめっ子が最後までいじめの場にのこるのは事実であるが(4)。

ここにみられるような自己弁護のはげしさ・ごまかしのうまさは、今日の子どもにひろくみられる特徴である。そして、もし教師がそうしたかれらの言い分を認めないときは、かれらは小さいながらも、早くも教師をボイコットしはじめるのである。もちろん、親といっしょになってである。

このために、またしてもいじめっ子が事件の全責任を負わされて、弾圧と排除の対象にされていく。

崩壊家族や低所得階層のいじめっ子たちの愛情欲求は根こぎされるとともに、手にいれたばかりのあそびの「世界」をも奪われることになる。そして、強制的に学校秩序に従うことを求められる。このために、かれらの多くは深い喪失感をかかえて、学校秩序に仮性適応することになる。かれらは、どのような場面でももうあそびをつうじて現実と交流することのできない子どもとなることがある。あそびによって現実の世界に生命を吹き込めない子どもとなるのである。

3　少年期のギャング集団といじめ

少年期の子どもの社会制作のし方

しかし、いじめっ子のなかに、子どもたちの支持を得て、ギャング集団のボスになるものもでてくる。この時期、まだいじめっ子が自分本位的なルール理解を他の子どもに力でおしつけ、ボスになれるのは、子どもたちがまだ自分たちの力であそびを組織できないからである。子どもたちがボスをリーダーとして認めているのは、かれが強引であっても、トラブルに終止符をうってくれ、あそびをつづけさせてくれるからである。こうしたなかで、あそびのなかに競争と支配しか見なかったボスの子どもが、あそび能力を取り戻し、友だちをもつことができるようになることもある。

しかし、ボスの子がなお自分本位的に集団を支配しつづけるとき、あそびのなかでルールに習熟した子どもたちはもうかれを許さなくなる。なぜなら、子どもたちは、みんなでつくったルールに、みんなが同じように従ってこそ、はじめてみんなが同等なのだと考えるようになるからである。形式的な民主主義である。だから、子どもたちは暴力的におどされても、もうルールの恣意的な適用を許さなくなるのである。こうしたとき、子どもたちはしばしば団結して、かれをボスの座から追放する。子どもたちはこれによって、みんなが同じものとして一つのルールに従ってこそ、みんなが同等であるという同質・同等の関係をつくりあげていくのである。だから、子どもたちはいっさいが形式的平等の原則によって運営されることを求めるのである。

しかし、こうしたことも近年ではほとんどみられない。というのは、あそび集団が、スポーツ少年団というかたちでおとなに管理されているからである。子どもたちははじめから公式ルールに従うよう強制され、恣意的なルール解釈をする子はおとなによってつまみだされるからである。このために、今日の子どもは自分たちでルールをつくりだしていく機会を奪われているのである。だから、ルールをつくるルール、つまり構成的ルールを学ぶ機会がないのである。子どもたちはすでにつくられたルールの習熟だけをしいられているのである。これでは、ボスが生まれないのも当然である。また、けんかがなければ、自治もないのは当然である。だが、こうした状況についての論議はこれまでにしておこう。

とにかく、子どもたちは自分たちの手で、一定の共通のルールをもつあそび集団をつくりだし、そのルールに習熟し、技を磨きながら、協同行動を自分たちの手で組織することができるようになる。かれらは、ますますルールの適用にきびしくなり、ささいな間違いを見つけて争うようになる。この意味では、少年期前期は、陽気で自発的にみえながらも、その裏側にルールへの強迫的なこだわりを潜ませているのである。

こうしてかれらは、一定のルールのもとで規律正しく目標を追求するあそび集団を自分のなかに取り込んで、そこに「一般的他者」というか、自治的な他者をつくりだしていく。そして、それとの関わりにおいて、集団の一員として意識的に行動することのできる自我をつくりだしていく。そうなると、かれらは親を原像とする重要な他者との関わりにおいてではなく、一般的他者との関わりで判断をくだすようになる。これまでの個別的な他者に代えて、一般的他者を同伴者とするようになるのである。その意味で、少年期は中間反抗期なのである。

少年期の集団いじめ

ところがまた、こうした同質・同等の関係そのものが、子どものなかに、集団いじめを呼びこんでくるのである。かれらは形式的平等を正義とするから、ハンディキャップをもつものにも同じルールを押しつけ、それにかなった行動をとることを強制する。それができないと、かれらはあざけり笑い、軽蔑するようになる。

それればかりか、ルールに違反したり、ゲームで失敗をしたりすると、かれらはそれに相当する応報的な懲罰の体系をつりあげていく。非難・賠償・同等の仕返し・約束破棄・仲間はずしなどが考えだされる。

これらは、かれらにとっては、あそび集団を自治する手段であるのだが、しかし、それは受ける方の側からみるといじめそのものである。なぜならば、形式的な平等は、実質的な不平等であるからである。また、一人ひとりの人間はもともとたがいに異質な存在であるにもかかわらず、ここでは、異質性そのものが認められないからである。子どもたちが同質・同等の原則にもとづいてあそび集団をつくっているために、その社会制作は集団いじめを必然的に生みだしていくのである。そして、それが次第に迫害的性格を帯びはじめる。それはたとえばつぎのような形をとってはじまっていく。

ここに過ちをおかすものがあるとき、集団はそれ相当の罰を加える。しかし、それ以上の罰を加えるようなものがでてくると、集団はかれを非難する。つまり、いじめが形式的平等に反するときは、逆にそれをおこなうものをいじめの対象とする。これが、この時期のあそび集団の、いじめにたいする制御装置である。

ところが、もしその子がくり返しそうした過ちをおかすとすると、子どもたちはどうするだろうか。そうしたとき、子どもたちは次第にかれを同等なものとして認めなくなり、かれを集団から排除していくことになるのではないだろうか。子どもたちは、これまでかれを同質であるから同等であると考えてきたが、いまや同質であるとしても程度の低いもの、さらには、程度のひくい異質なものとみるようになるのである。このために、同質・同等の関係はくずれて、同質・不同等、さらには異質・差別という関係がかれらをとらえるようになる。かれらは形式的平等から次第に実質的不平等へと踏みこんでいくのである。

こうしたとき、子どもたちのなかに、巧妙かつ狡猾に自分の内的葛藤をくりひろげるものが現れる。でも、それは、これまで見たような低所得層や崩壊家族の子どもたちではない。

そういう子どもたちはすでにスポーツ少年団の外においやられて、私的な徒党となっているのがふつうである。ボスとして生きのこっている子がいたとしても、小学四年前後にボス退治の対象とされ、集団から排除されているのがふつうである。かれらはルールのすきをついて巧妙かつ狡猾に集団を支配できるような子どもではない。

これらの子どもに代って、小学高学年に、いじめの中心に登場してくる子どもは、多くのばあい、あそび集団のルールに極度にこだわり、巧妙かつ狡猾に優位な位置をとろうとする、さきに見たような中流階層の子どもたちである。強迫的な競争意識を強くもつかれらは、競争的状況をもっとも自分に有利な場とし、そこに破局的な迫害的ないじめ状況をつくりあげていくのである。

4　集団いじめから迫害的ないじめへ

「ドッジボール・ファシズム」から学力競争へ

だが、それにふれるまえに、少年期の集団いじめの行方をみておかなければならないだろう。というのは、その集団いじめはあそび集団のなかにとどまらないで、生活全体にあふれでて、学校における迫害的ないじめに転化していくからである。子どもたちは、あそび集団のなかの同質・同等の原則をつうじて、形式的な機会均等を前提とする学力・忠誠競争に誘導されることになるからである。

いいかえれば、選抜・競争原理にたつ学校が、同質・同等の原則に立つあそび集団を切り口にして、子どもたちのなかに浸透し、子どもたちを集団まるごと支配の傘のなかにとりこむことになるからである。

学級のなかにドッジボール熱やサッカー熱がふくれあがり、子どもたちがゲームの勝ち負けにこだわりを示すようになると、かれらは急に授業のなかの競争的局面に過敏に反応するようになる。このために、授業は急に学力競争的様相を強め、教室のなかに学力による差別がひろがっていく。子どもたちは「ドッジボール・ファシズム」をつうじて、集団まるごと学力競争に誘導されていくのである。

このようにして、かれらは集団まるごと、形式的平等のもとで実質的不平等を拡大再生産していく学校という巨大な競技場にひきだされていくのである。そして、集団まるごと、一元的な学力・人格基準にもとづく学力・忠誠競争に駆りたてられるようになる。かれらはいまやかれらを選抜・選別する闘技場としての学校を明確に意識するようになる。そうなると、学校場面は、もう学習の場ではなくなってしまう。それは競争と選抜の場となる。

同様に、子ども集団もまたあそび集団ではなくなる。それさえも競争と選抜の場になってしまう。実際、スポーツ少年団やリトル・リーグは能力別にわけられていき、選手を選抜する機構となっている。このために、スポーツのできる子は人間的にもすぐれたものと見なされ、それのできない子どもは非人間扱いをされる。スポーツができるということは、いまや社会の価値基準に忠誠であることを示すものと見なされるようになっているのである。(5)

このようにして、選抜・競争原理が、学校場面にも、またあそび場面にも浸透していくようになると、子どもたちはますます選抜・競争を組織している一元的な価値基準に強迫的に囚われ、それに激しい忠誠競争を展開していくことになる。そのために、かれらは、この価値基準に合わないものを軽蔑し、それから外れているものを迫害するようになっていくのである。このなかで、同質・不同等、異質・差別の関係が強化され、集団いじめは生活全体におよぶ迫害・いじめに転化し、極限へとのぼりつめていく。

異質性の排除

かれらはまずは、この価値基準に合致しない異質なものをさげすみ、あざけり笑い、こけにしていくとともに、それを排除しようとしはじめる。そのために、かれらは、つぎつぎと標的を変えながら、いじめをゲームのように展開していく。かれらはあそび集団のなかで、ほんのちょっとのルール破りを見つけては、それをみんなで制裁したが、いまや生活全体のなかで、一人ひとりの人格に即してそれをやってのけるのである。たとえば、かれらは、一週間ごとにいじめる相手をつぎつぎと変えながら、いじめを展開していくことがある。そのなかで、かれらは、相互に他のもののなかにある異質性を削ぎおとしていくのである。

こうしたときのかれらのいじめの理由は、「臭い」とか「むかつく」とかいったものでしかない。外からみると、まったく理由にならない理由である。だが、かれらがこうしたことばで言おうとしているものは、みんなと違う異質性のことなのである。

しかし、その異質性はなにも相手だけにあるのではない。「臭い」もの、「むかつく」ものは自分のなかにあり、いつなんどき漏れだすかわからないものである。かれら自身が自分のうちにあるこの異質性を受け入れることができないばかりか、削ぎおとそうとして、相手をいじめていくのである。その意味では、かれらは相手をいじめることによって、自分をいじめぬいているのである。つまり、かれらは互いに自分の影を、自分に似たものをいじめることによって、はてしなく自分をいためつけているのである。

こうしたなかで、かれらは、まさに支配的な「他者」を一般化するのである。もともと、学校適応過剰であった教育家族の子どもたちは、ここにおいて、親を原像とする支配的な「他者」を一般化していくのである。このために、あそび集団のなかで育ちはじめた自治的な他者は、あそびと学習を支配する「一般的な」他者にすりかえられるのである。このために、かれらはいまや集団まるごと外部からだけではなく、内側からも管理されるとともに、生活の細部にいたるまで、全面的に支配され、同質化・均質化の傾向をつよめていくのである。

人生を力と力との絡み合いとみる子どもたち

ところで、こうしたときに、一方に、強迫的履行者といってもいい子どもが、他方に、強迫的黙従者といっていい子どもが登場してくるのである。

前者は、すでに博においてみたように、学校場面やあそび場面のなかに埋めこまれている競争秩序に強迫的に囚われて、それに能動的に過剰適応していく子どもである。だから、かれは、授業の内容にではなく、授業のなかに埋めこまれている競争に過敏に反応する。かれらにとっては、授業の内容はどうでもいいのであって、そのなかの競争に勝つことだけが関心事なのである。同じことはあそびについてもいえる。かれらはあそびが楽しいからするのではなくて、要するに競争に勝つためだけにしているのである。

ポール・アダムスは、強迫的な傾向をもつ子どもは、「人生を、力と力との絡み合いとみる。無政府主義者でないかぎり強迫的な子どもほどすべてのもののなかに政治的色合いをよみとる者はいないだろう。しかしながら、強迫者はあらかじめすでに家族内の力関係にかかわらされており、彼の先入観は、支配―被支配、受身―攻撃、規律者―規律服従者といったものに色どられている」と述べている[6]。まさに、かれらは、選抜・競争原理をかれらに押しつけてくる支配者を、自分の魂としてしまい、自分も支配者でないとおさまらなくなってしまった子どもたちである[7]。

このために、「他の子どもたちは、強迫者の容赦のない競争意識を傷つける」ものとして、いつもかれらのまえに現れてくる。だから、かれらは、自分たちの生き方とは異質の生き方をするものは認めることができない。自分を超えるものがいることを認めるわけにはいかないのである。そうしたものがいるだけで、打ちのめされるような不安にさらされる。このために、かれらはつねに「けんか腰で怒りに満ち、憎しみを抱き、孤独で処罰を恐れている」のである。

他方、後者の強迫的黙従者は、学校秩序に形式的にだけ過剰適応していく子どもたちである。かれらは、強迫的履行者とはちがって、それに受動的に過剰適応しているのである。だから、かれらは、たとえば、授業内容がわかっていなくとも、板書を几帳面に、しかしノロノロと写すことだけにこだわるのである。

そのために、かれらは、いつもみんなと同じようになろう、みんなと同じ規格に同じように従おうとして、最大限の努力をかさねる。かれらは自由であることを極度に恐れて、学校生活のいっさいを規則づくめにしようとする。そうすることによって、かれらは自分を徹底的にコントロールし、異質な自分が漏れないようにするのである。しかし、それにもかかわらず、自分が漏れだすのではないかという不安にとりつかれてしまうのである。

5 迫害的ないじめとミニ校内暴力

小学高学年学級の「荒れ」

こうなると、子どものなかに、強迫的履行者である子を頂点とし、強迫的黙従者である子を底辺とする支配構造が生じることになる。そして、この集団は、かれらに属さない異質なもの、とりわけスティグマ（特別の徴）をもつものをスケープ・ゴートにして、これにたいして徹底的な迫害を加えるようになる。かれらはまさにそうすることによって、この集団の支配・被支配の構造をつねに保とうとするのである。

このために、小学高学年から学級にミニ校内暴力的状況がひろがりはじめる。しかも、それが最高の優等生でもある、強迫的履行者である子どもの手によって進められることがしばしばある。これが、非行生徒によってなされる中学校のそれと異なる点である。

ここに、全英という小学六年の子どもがいる。母親は元中学教師で、いま塾経営者であり、公立の学校をとるにたらないものとして、クラスの親にことあるたびに私学受験を勧めている。そして、全英には、竹刀でなぐるほどのスパルタ教育をする。

かれは、学力面でも、スポーツ面でも、全校で一、二を争う子どもであり、有名私学希望である。五年のはじめはまだ良い子であったから、前担任はかれを学級委員にして、学級をまとめさせようとした。ところが、私学受験準備にとりかかりはじめたころから、かれは学級のなかのいじめの中心人物になっていった。かれがそうなったのは、巧妙かつ狡猾に集団を支配すると同時に、ひとたび荒れだしたら、予想もできないような非情さを発揮するからであった。

かれを中心とするグループがつぎつぎと子どもたちをいじめる。そのいじめ方も、怪我をさせるだけでなく、そのうえをまた狙って叩くというものである。病院に運びこまなければならないような大怪我が集中して起こる。さらに、難聴の良人をもなぶりものにし、ついに鎖骨を骨折させる。このくらいだから、器物破壊も多く、教室は荒れ放題である。かれのグループは公然と授業をボイコットする。教師自身なすすべがなく、ついに転校することになったのである。[8]

ここにみられるような全革の非情さは、学校的なまなざしに囚われている不安を示している。強迫的履行者であるかれにあっては、競争においてすこしでも後れをとると、学校的なまなざしがかれを睨み殺すからである。そればかりか、かれ自身がかれを果てしなく追いつめなければならないからである。その恐れが、かれの非情さとなって噴きだすのである。

そして、かれの横暴さは、公立学校などは有名私立学校にくらべればまさにとるにたらないものだとかれが考えているところから生じている。かれのなかの支配者のほうが、目の前の教師よりもはるかに権威をもつものであるから、かれは担任を無視するのである。また、校長さえもかれをかばうほどであるから、音楽や家庭科の授業をボイコットしても恐れることはなかったのである。担任もかれに屈伏して、学級をかれにゆだねてしまったのである。そうしたほうがなにもかもが「無事」におさまるからである。

今日、各地で、このような迫害的状況を学級のなかにつくりだしながら、担任が自分たちを叱ると、校長に直訴して、担任のすげかえを要求する子どもたちが続出している。それは、かれらがより権力をもつ支配者をバックにして目の前にいる教師を打ちのめそうとしていることを示している。

しかし、全英の非情さと横暴さの裏には、支配的な他者にたいする憎悪と敵意がかくされている。さらに、その奥には、支配的な他者を倒すことによって、それに囚われている自己をもこわしてしまいたいという衝動がひそんでいる。そうする以外に、かれには強迫的な人間にとりつく絶望的な不幸から解放される道がないのかもしれない。こうした面からいえば、かれの荒れは、かれにおける自己の解体と再編の序曲であったのかもしれない。

異質・同等の関係へ

もしかれがそれを求めているのだとしたら、かれは、支配的な他者をのりこえ、共存的な他者をつくりだしていくしかない。同質・不同等の関係、異質・差別の関係にあるいじめ集団を、いや、同質・同等の関係に立つ少年期集団を破棄して、あらたに異質・同等の関係にたつ集団をつくっていくしかないだろう。それなしには、かれは自己の解体と再編を追求していくことができないはずである。

しかし、今日の忠誠と迫害の体制のなかに閉じこめられている子どもたちにとっては、その道をえらぶことは容易なことではない。そのきびしさは、忠誠と迫害の体制から脱出して、自己の解体と再編を果たした子どもの姿のなかに見てとることができる。

たとえば全英のツカイッパ（使い走り）で、たえずかれになぶりものにされていた泰が、かれとの関係を断ちきって、学級の子どもたちとともに生きようとしはじめたとき、かれは恐ろしさと緊張のために、ひどいチック症にかかった。

また、おなじ迫害的ないじめグループから脱出してきたある子どもは、「あの頃、オレ音がしていたんやで。ブッブッいうて、前のオレが、別のオレに変わっていくのが、自分でもわかったんや。前、オレ、ビクビクして落ち着かんかったもん。A（いじめグループのボス）はかわいそうや。ほんまに信頼してくれる友だち、いてへんねんもん。オレ、なぐられても負けても、もうくずれへん自信できたぞ」といっている。(9)

ここにみられるように、この時期の子どもにとっては、自分が変わるということは、からだそのものが音をたてて変わっていくように思えるのかもしれない。それはけっして非現実的なことではない。なぜなら、支配はかれらのからだそのものにまで刻みこまれていたのであるから。だから、かれらは支配に拘束されていたからだをこわして、自由な、主体としての身体を取り戻していかねばならなかったのである。かれらは仲間にささえられて、主体としての身体と精神を、つまり自我を取り戻していったのである。少年期から思春期にかけての自立はこうしたはげしい身体感覚を伴うものである。

6　少年期の仲間関係から思春期の親密な友だちへ

しかし、小学高学年から中学にかけての迫害的ないじめを、少年期の子ども集団の完成態ないしは疎外態という面だけからみるのは片手落ちである。さきにいじめとは両価的なものであるとのべたように、このいじめと迫害の状況にも、いまひとつの面があきらかにあるのである。

ふざけ・馬鹿さわぎと自分くずし

その面とは、心理的離乳をまえにした少年期後期ないしは前思春期における子どもたちのふざけ・馬鹿さわぎという面である。かれらは、このふざけ・馬鹿さわぎをつうじて、学校秩序に囚われてきた自分をくずしはじめるのである。

ところで、かれらがこの時期にふざけ・馬鹿さわぎにのめりこんでいくのは、ひとつには、かれら、とくに、女子に、思春期が到来しはじめるからである。かれらのなかに新しい身体が現れるとともに、かれらのなかにもうひとりの自分が現れてくる。その自分はどんなに押さえても漏れはじめる。このために、かれらはますます自分を固くコントロールしようとする。そうしないと、学校的なまなざしのなかで学校適応不足になり、同質であることを求める仲間集団から異質なものとして排除されることになるからである。それだけではなく、かれら自身、そうした自分を受け入れることができないからである。

いまひとつは、小学高学年を境にして、選別・選抜の第一ラウンドは終了するからである。このために、学力格差が急激にひろがるだけでなく、スポーツや音楽などの分野での能力格差もひろがっていく。そして、一人ひとりの人格評価も決定的となっていく。そうしたとき、学校適応過剰な子どもたちは、自分が学校適応不足であることを思い知らされる。いや、もともとかれらは学校適応過剰となったときから、学校適応不足となっていたのであるが、もはやそれは避けがたい現実としてかれらのまえに現れてきたのである。

こうした二重の学校適応不足のなかで、かれらはいつも傷つき、繰り返し自分を責め、非難しなければならないことになる。この心的状態が、「性格ブス」とか「根性はババ（うんち）色」といわれる強迫的な不安の状態なのである。

そうしたとき、かれらは、自分を不安につきおとす場から逃れようとして、一種の幼児がえりをしていくのである。さらには、かれらは学校的なまなざしに囚われているかぎり、いつまでも自分を自分でいじめぬかなければならないのだということを無意識に感じて、学校的なまなざしにまなざしかえそうとするのである。

そうしたとき、前思春期から思春期にかけてひろくみられるふざけ・馬鹿さわぎがひろがっていく。かれらは青年文化や大衆文化をバックにして、学校のなかにそれをくりひろげていくのである。かれらはそのなかでことさらに学校適応過剰な子どもをねらって、悪ふざけをおこなうのである。そうするなかで学校適応過剰な自分をくずしにかかるのである。

だから、この時期のいじめ・迫害は、たしかに、さきにみたように、一面では、学校的尺度からみて底辺や周辺にいるものを攻撃するという傾向をみせるものの、同時に他面では、学校的尺度にもっともかなったもの、つまり、優等生や良い子を攻撃するという傾向をも含むのである。あるいじめ・迫害においては、たとえば、「通学路とは別の道をとおって学校に来た」とか、「学校の禁止しているものを隠しもっている」といったことがいじめ・迫害の理由になるが、他のいじめ・迫害にあっては、「勉強ができる」とか「まじめすぎる」といったことがその理由になるのである。いまや、かれらにあっては、どっちも「ムカツク」ものであるのだ。

「友だちがほしい！」

こうしたふざけ・馬鹿さわぎのなかで、子どもたちは思いがけず、これまでみたこともないような友だちの一面をみるのである。友だちが無意識にみせる姿のなかに、いま一人の自分の姿をみるのである。そうしたなかから、親密な友だち関係がかれらの間にはじまるのである。

○二月五日

先生、今日とってもうれしいっていうか、よいことがあったの。それはねぇー、このごろ村井さんや林さんなどと話をしなかったけど、なぜかしらないけど話しかけたりしてくるの。なんか新しいお友だちができたみたい。友だちがいるって、うれしいことなんだな。

○二月一四日

今日は放課後サッカーの練習をしました。サッカーをやっていたら、マリちゃんが私をみました。だけどその目はなにか私に対するうらみのように感じられました。私はドキッとしました。だけど私には、マリちゃんに悪いことをしたおぼえがないんです。マリちゃんにみられたとき、私はわざとニコッとしました。なんでかっていうとそれは、私には何も覚えがないし、おどおどするほど相手がからかうからです。

○二月一六日

今日、マリちゃんにいやがらせをされました。どんな事かというと、それはマラソン大会の時、私と香ちゃんと留美ちゃんであそんでいたら、後ろでマリちゃんたち四人が「香ちゃんと留美ちゃんがかわいそう!」と言ったことです。わたしはすぐどういうことかわかりました。その後、その人たちが順に、いままであったことか、私が話したことなどまるで悪いことをしたように言うの。わたしはその時その人たちをかえりにぶったたいてやると思いました。とてもくやしかった。

私はほんとは――ほんとはマリちゃんや他の人とも友だちになりたい。表面だけの友だちじゃなく! 私のしゃべり方はきついかもしれないけれど、でもやさしく言おうと努力しているの。だけど……だけどそのような努力をしても、うその返事をされたりすると、かっと頭にくるの。でも私には我慢がたりないと思うの。だけどそんなこといくら努力しても、努力しても友だちはできない。

友だちが欲しい。友だちが欲しい。いくら先生だってこんな気持ちきっとわからない。先生に何回相談しようと思ったか! 何回お母さんに話そうかと思ったか! 学校に行くのがどれだけつらかったか。先生にはわかる? こんな気持ち! 私はもう学校になんか来たくない。私なんかうまれなきゃよかったんだ。学校にはいらなきゃよかったんだ。(10)

これは小学五年の子どもの日記であるが、彼女は、さきにみた、相互に他を監視しあうことでもって、相互に他の異質性をあばきたて、削ぎおとしていくような状況のなかで、不安におののいているのである。しかし、その「友だちがほしい」という叫びのなかには、自分という独自の存在を受けいれてほしいという願いがこめられている。みんなと異質の人間だとしても、そのありのままを受け入れてほしい、それだけではなく、そういう自分を一個の人間として同等に扱ってほしいという願いがこめられている。

しかし、これは彼女だけの願いではないのである。いじめ・迫害的な状況にあるものすべての願いでもある。学校への忠誠競争、さらには支配としての文化への同調競争のなかにあるものすべての願いでもある。その願いがもし互いに通いあうならば、いじめあい・迫害しあうもの同士が、親密な友だち関係へとひらかれていくのである。

そのために必要なことは、かれらが相手の独自性を受け入れること、いいかえれば、たがいに異質であることを受け入れることであり、それと同時に、相手のなかにも自分と同じ人間的な悩みや願いがあることを発見していくことである。そのことによって、友だちとのあいだに、異質であっても、なお同等であるという関係をつくりだしていくことである。そうだとしたら、相互に監視しあい、互いに異質性を削ぎおとしあう、いじめと迫害のただなかに、まさに親密な友だち関係への通路がかくれているのである。[11]

7　自分くずしから自分つくりへ

異質・同等の関係に立つ思春期的な集団へ

ところで、子どもたちのなかに、こうした親密な友だち関係がひろがっていくと、かれらは、これまで自分に課していたコントロールを解いて、徐々に自己を友だちのまえに開いていくと同時に、友だちの内面に関心をもつようになる。

かれらはこの親密な友だち関係のなかに自分の喜びや悲しみを、体験や内的経験を、不安と希望を投げこんでいく。そうすることによって、これまで漏れでることを恐れていたもうひとりの自分を見極めようとする。その意味では、友だちはかれらにとっては鏡である。かれらは友だちのなかに映っている鏡像的自我を手がかりにしながら、自己意識をもちはじめるのである。

友だちは、そうしたかれらがもちこんでくる問題を共感的に受け入れ、それにたいしてこれまでとはまったく異なる評価をしてくれる。とくに、親や教師、家庭や学校の評価と異なる評価をしてくれる。その意味では、親密な友だち関係は、かれらにとってはあらゆる生活上の問題をあらためて評価しなおす場でもある。それはまた、ものの見方、感じ方、考え方を根本からつくりなおす場でもあり、かれら自身の理想を生みだしていく場でもある。

同じことは、かれら自身についてもいうことができる。かれらは、友だちの共感的な理解と評価に支えられて、これまで否定的にしか見ることのできなかったもう一人の自分をあらためて評価しなおすのである。そればかりか、友だちの自分にたいする新たな評価や判断に応じて、自分を新しくつくりなおそうとする。親密な友だち関係とは、かれらにとっては、親や教師、家庭や学校から心理的に独立していく根拠地であると同時に、忠誠と迫害の仲間関係からも自立していく根拠地でもある。

だから、かれらは親密な友だちに支えられて、また親密な友だちに代わって、いじめ・迫害グループを批判するようになるのである。こうして、かれらは次第に同質・同等という関係にあった少年期的な集団からも、また異質・差別という関係にあるいじめ・迫害集団からも抜けだし、異質・同等という関係を追求するようになっていくのである。

そして、かれらは、親密な友だち関係を核とするピアグループを分立させていくのである。それらのグループは、親密な友だち関係がそれぞれに内発的につくりだしてきた見方、感じ方、考え方や理想にもとづいてつくられていく。それは、これまでの少年期の集団のように、特定の外的な目標を固い規律のもとで追求する行動的集団ではなく、ものの見方・感じ方、考え方を交流しつつ、自分たち自身の理想を文化的に追求する文化的集団であるといっていいだろう。

スクールからスクール・コミュニティへ

かれらは、このように自分たちの集団をつくりかえながら、同時に、自分たちを集団まるごと支配してきた選抜・競争原理の学校から抜け出していくのである。かれらは、親密な友だちとともに、学校の地下にそれぞれに私的なグループを形成し、そこに自分たちの教育空間をつくりあげていく。かれらは、その親密な友だち関係が分泌する、ものの見方、感じ方、考え方や理想にしたがって自己をつくりなおしていくのである。

こうした自分くずしと自分つくりができるのは、「学校」(スクール)というものに代わる「社会」(スクール・コミュニティ)が、親密な友だちやピアグループという形でつくられたからである。かれらはそれに支えられて、自分のなかの支配的な他者をのりこえ、共存的・共生的な他者をきずきだすのである。そして、それとのかかわりのなかで、自我をたてて、自己を「世界」に開いていくのである。そうしたときに、かれらの前に、かつて失った「世界」もまたよみがえってくる。

しかし、これでまったくいじめと迫害がなくなるということにはならない。なぜなら、すでにふざけ・馬鹿さわぎのなかにその萌芽があったように、かれらのものの見方や理想が、大衆文化という、支配としての文化やイデオロギーの傘のなかにつりあげられていくからである。そして、かれらのなかに、学校への忠誠競争にかえて、文化やイデオロギーへの同調競争がひろがり、そのなかで、ふたたびいじめ・迫害的な状況がつくられていくからである。また、それぞれのピアグループのなかにおいても、文化的・イデオロギー的な同質化・均質化が強まり、そこにまたいじめ・しごきといった状況がひろがっていくからである。

それればかりではなく、支配としての学校もなおかれらを現実には拘束するものであるために、なお忠誠競争の裏返しとして、いじめ・迫害状況がくりかえし生じてくる。学校に強くしばられているために、逆に学校に強迫的に反逆することになる非行グループは、学校臭いものをいじめの対象とするだろうし、ツッパリ文化になじまない半ツッパリをしごきぬくだろう。また、学校にほどよく適応しつつ、青年文化をちゃっかりと楽しみ、中流階層化していく上位の生徒たちは、ツッパリ、本好き、ガリ勉、まじめ、芸術・政治青年などの熱っぽい連中を、友だちのワーストテンにあげ、かれらをやわらかに排除するようになる。これはもうおとなのそれに近い、完成されたやわらかな「迫害」である。

こうした同調競争と忠誠競争のなかで、またその裏返しとしてのいじめ・迫害のなかで、子ども・青年は、他者との共存と連帯の関係を摸索しつつ、人格的・社会的自立を追求していく思春期・青年期遍歴へと旅立つのである。そうしたかれらの遍歴に、わたしたちはなにをしてやることができるのだろうか。[12]

（1）拙稿「中・高校生問題の本質」（『教育学研究』第五二巻第三号　一九八五年）

（2）野口美代子「発達のもつれに苦しむ子ども」（『生活指導』一九八四年一一月臨刊号所収）

（3）野口美代子　前掲論文、および「博はいじめっ子か!?」（『生活指導』一九八三年一一月号所収）。野口がここにおいてあげている省吾と博の二人は、今日の子どもの二つの典型といっていいだろう。いじめと迫害の場面には、かならずこの二つのタイプが登場してくるように思われる。

（4）松本美津枝「いじめっ子のやさしい面を伸ばす」（尾木直樹他編『いじめを超えて』学陽書房　一九八六年所収）は、こうした学級の状況があることを証言している。

なお、松本はこのなかで、いじめっ子がたちなおっていくとき、自然にたいする感応―表現能力を取りもどしていくこと、さらには自然のなかでどろんこになってあそぶようになると報告している。いじめは、「死」の遊戯であるのにたいして、あそびは「生」の遊戯である。

（5）いじめ・迫害が子どもたちのなかにひろがりだしたのは、一九七〇年代後半からであるが、この時期、能力主義的教育政策は、たんに要素的な学力だけではなく、総合的な学力、さらには、「心」「肚」「ヒュウマン・スキル」などの人格的特徴を子どもに求めだし、学校を「ゆとり」体制とよばれるものに再編するとともに、在学青少年の社会教育、青少年の社会参加などの学校外教育の組織化をすすめていった。このために、学力競争とならんで、忠誠競争が子どもをとらえるようになっていった。そうしたなかで、いじめ・迫害がまたその裏返しとして子どもたちのなかにひろがることになったのである。この間の事情については、本書終章、または拙著『生活指導と教科外教育』（民衆社　一九八〇年）を参照されたい。

（6）ポール・アダムス『強迫的な子どもたち』（星和書店　一九八三年）

（7）「支配者を魂とした子どもたち」といういい方は、P・フレーレ『被抑圧者の教育学』（亜紀書房　一九七九年）における被抑圧者の分析に依存している。
（8）宮本誠貴『学級に自治と連帯を』日教組・日高教第三二次教育研究集会第一一分科会大阪教組報告書
（9）玉井琴「A軍団に対抗する正義を」（『生活指導』一九八二年二月号所収）
（10）NHKTV「おはようジャーナル『子供たちの自画像③友だちが欲しい！』」一九八六年　四月一六日。子どもの日記は楠正明が指導したものである。
（11）子どもの正義観が、形式的平等から実質的平等に転化していくことについては、ピアジェ『児童道徳的判断の発達』（同文書院　一九五四年）、拙稿「あそび集団に教育力があるか」（柴田義松他編『教育学を学ぶ』有斐閣　一九七七年所収）を参照されたい。「同質・同等」「異質・同等」という用語については大阪府立高等学校養護教諭精神衛生学習会編・吉田脩二『若者の心の病』（同学習会刊行　一九八四年）を参照。同質・不同等、および異質・差別という用語はここからつくった。
（12）本節で取り上げた事例については、拙著『学級集団づくりのための12章』（日本標準　一九八七年）を参照されたい。そこでは、いじめ・迫害という社会制作のし方にたいして、自治と交わりという社会制作のし方を提起している。

III 登校と不登校をくり返す子ども

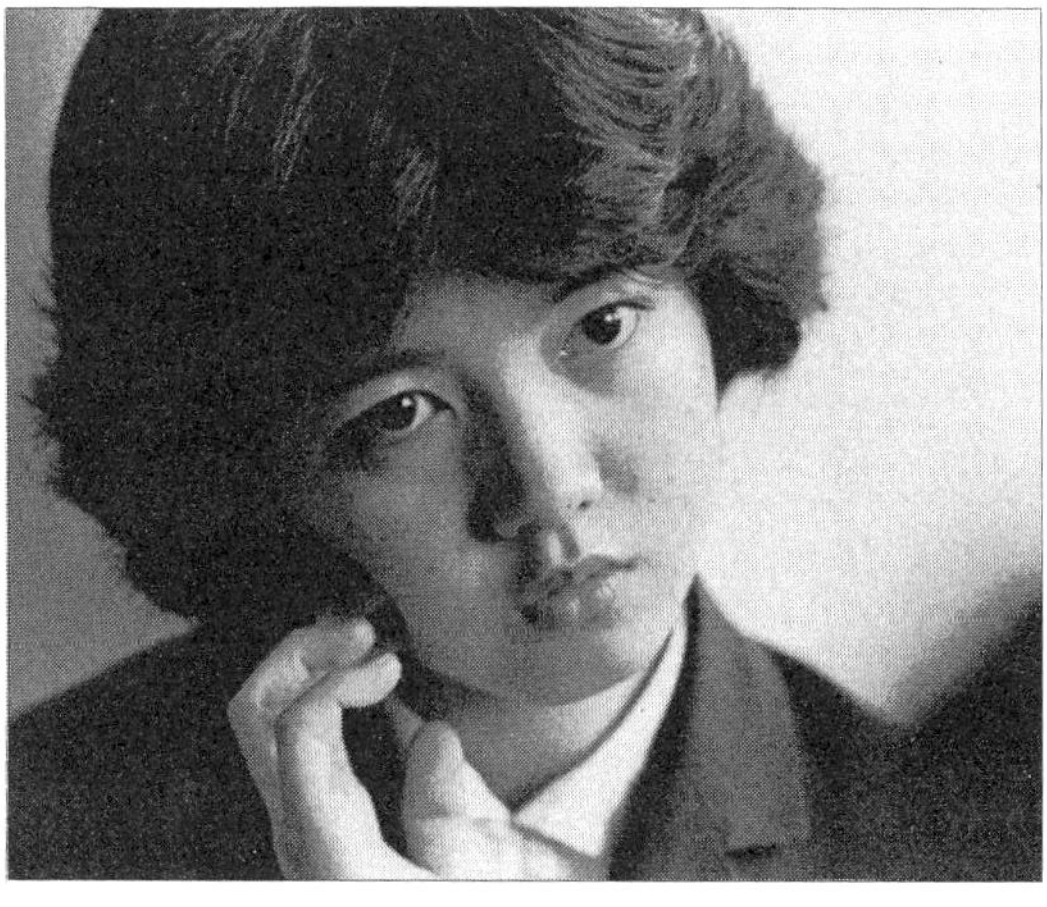

1　道子のプロフィール

道子の登校・不登校症

道子は、小学五年から高校に進学するまでに、三回にわたって登校を拒否した。一回目は、小学五年のときに、五〇日ばかり登校拒否におちいった。二回目は、中学に進学して一七日だけ登校したあとに、一年間の登校拒否におちいり、入院することになった。中学二年になった当初は、病院から登校をはじめたが、担任教師と学級の子どもたちの支えのなかで、彼女は退院して登校できるようになった。しかし、中学三年の七月に、三回目の登校拒否におちいり、彼女ひとりのための卒業式の日まで不登校状態がつづいた。その後一年間、通信教育で受験準備をし、翌年、高校に進学することができた(1)。

彼女の家族は、両親と兄、姉、本人からなる五人家族である。彼女が小学三・四年のときから、両親の不和がつづき、父親とその他の家族は同一敷地内で別居するようになった。ところが、彼女が再度登校しはじめた中学二年に、父親が全身不随になり、入院したために、母親が勤めをやめて父親の看病にかかりきりになった。そのために、両親は思いがけず和解することになった。しかし、彼女にはそれは受け入れにくかったようである。だから、彼女は入院中の父親に一度も会いに行かなかったし、町で父親と会っても、自分のほうから避けるという状態にあった。そして、父親が自宅に退院してきた中学三年の七月に、彼女は三度目の登校拒否になった。

このようにみてくると、彼女の登校と不登校は、家族の状況変化に対応しているようである。しかし、彼女は家族に関する内面の記録をほとんど残していないので、家族の変化と彼女の登校・不登校との関連を問題にすることはできそうにない。それに、担任もまた彼女の家族問題には基本的にかかわらないで、学校生活をとおして彼女を指導しようと決心していたので、担任の報告からも彼女と家族との関係をうかがうことはできない(2)。

これにたいして、彼女は再度登校しはじめた中学二年の春から秋までに、学校や友だちにたいする彼女のかかわり方をくわしく書いたノートを残している。担任との通信ノートや班ノートのなかの彼女の文章は、登校と不登校のあいだで揺れている最中の子どもの内面を示す貴重な資料となっている(3)。

そこで、これを手がかりにして、学校ないしは学校的場面にたいする彼女のかかわり方、教師や友だちにたいする彼女のかかわり方、そのなかでの彼女の内面の揺れなどを検討していきたい。それをとおして、彼女が「学校」というものにこうもこだわりながら、またしてもなぜ「学校」を拒否するようになったのかを明らかにしていくことにしよう。

彼女の場合は、一度登校拒否になってからの再度の登校であるが、その登校のし方、その「学校」へのかかわり方のなかに、登校拒否になる要因がなかったかどうかを考えたい。そうすることによって、登校拒否（school refusal）の子が拒否している「学校」とはなにか、かれらの内面に根づいている「学校」とはどういうものかを確かめていくことにしよう。そして、かれらがその登校拒否によって、「学校」とかかわっている自分そのものをどのように変えようと願っていたかを見ることにしよう。

2　強迫的登校

○四月一〇日（金）通信ノート

「私は二年になる。いろいろなことがあって、一年生はほとんどこの学校に通っていない。だから、正直言って不安でいっぱいだ。自信なんて本当にない。

例えば、一番に思うのが勉強、勉強は全然わからない。みんなに追いついてゆけるだろうか。それだけで私の心は不安でいっぱいになる。

友達との仲、先生との仲、家族との仲、私は胸をはって『やれます。』なんて、とても言えない。けれど、やらなくてはならない。そう心に言い聞かせなければならない。なぜなら、みんな私のことをとても心配してくれて、考えてくれているから。」

「初めからみんなの中にはいっていけない。いけたと思っても、私の場合どうしても無理がでて、無責任に自分がなりそうだ。でも、本当に不安が先に立ってしまう。だからぎこちなくなって、言葉使いもみんなにどう写っているのだろうと思ってしまう。たしかにその部分は私の一部分につながるのだろうけれど、迷ってしまう。」

「今の私には、みんなの気持ちにいい私としてこたえられる自信がない。ないけど、私は私なりにがんばっていこうと思う。」

○四月一五日（水）通信ノート

「私は不器用だから、一つのことを重大に考えて、なんだか、どうしたらいいか、自分で見分けがつかない。

このまま一日出られるようにならないままだと、みんなとの仲に溝ができるのではないだろうか。かと言って、自分のペースを早くして続けられるだろうか。そんな二つのことが、私の頭の中をうず巻いて、いっぱいに、だんだんと不安という文字になっていく。本当に、どうしたら自分自身に一番適切なのかわからない。みんなの中には、私のことをあまり良くなく思っているひとが多いのではないだろうか。」

「けれど、私は私で、ゆっくりでもいいから、本当にがんばっているつもりだ。そのがんばりを、みんなに理解してもらえるために、やらなくては、やらなくては、とわかっているのだが、実行に移すには、一三歳の小さな私にとって、やっぱり苦しいな、なんて思ったりして……。今度は胸をはって『道子がんばっていま す。』って言えるようにならなくてはいけないんだ。」

強迫的登校者

彼女は、両親の反目からくる家族の対立、そして小学校と中学校での二回の登校拒否のために、学校生活をきちんとやれるかどうか不安でしかたがない。彼女は第一に勉強について、第二は対人関係について強い不安をもっている。こうした不安から逃れようとして、彼女は学校の要請に応えてがんばろうとする。先生や友だち、さらには親の期待に応えてがんばろうとする。彼女は学校的な規範や学校仲間の要請にかなった行動ができなければならないという観念にとらわれ、強迫的にがんばらねばならないと思っている。そうした強迫的な構えで、彼女は学校に登校しはじめたのである。その意味では、彼女は学校に過剰に適応する子どもとも、また強迫的に登校する子どもともいうことができるだろう。

一般に、登校拒否の子どもは、「学校に行かねばならない」と思いながらも、心理的な不安のために

「学校にいけない」という状態にあるといわれている。ここにあるような、登校拒否児の「学校に行かねばならない」という思いとはどのようなものなのだろうか。

それは、道子のノートに見られるように、学校規範や学校仲間の期待への強いこだわりやとらわれである。いいかえれば、それは、教師や友だちの期待になにがなんでも応えなければならない、みんなと同じようにがんばらなければならない、という思いである。かれらはこうした思いのなかで学校に行かねばならないと考え、そうしてきたのである。こうした登校拒否児の登校傾向を、山中康裕は「登校強迫」といい、また小沢勲[4]は「強迫的同調」とよんでいるが、ここでは「学校適応過剰」または「強迫的登校」ということにする。

対象関係の混乱

しかし、彼女がこのようになったのは、彼女のせいではなく、彼女を包んでいる人間関係のためである。彼女は、つぎのノートにもみられるように、家庭のなかでも、また学級のなかでもいつも人の裏ばかり気にして生きてきたのである。

「私が一年生の四月ごろから学校へ行きたくなった直接の原因は、これというものがないけれど、いろいろな事が重なり、それを背負いきれなかった。例えば友達との関係。外から見たら仲が良いふうに見えるかもしれないけれど、中に入ってみると、友達同士のいやみの言い合い。競争精神いっぱいだったり。幼い私にはどれもが地獄に近いように思えた。

家族だって、いまはいい雰囲気だけど、前はこんなにいいものではなかった。家族同士のまとまりがあまりなかった。一人一人が自分だけ見て、他の者など心配などしていなかった。それだけ忙しかった

のだろうか。」（五月二六日）

ここに見るかぎりでは、家族との対人関係のもつれと、友だちとの対人関係のもつれが相乗するなかで、彼女は教師や友だち、さらには学校などの外的対象が二重、三重にみえるようになってしまったのである。そのために、内面における自我と「内なる他者」との関係、つまり、内的対象関係もまた揺れはじめたのであろう。このために、おそらくもともと未熟であった彼女の内的対象関係は危機的状況におかれることになったのだろう。

そうしたとき、彼女は、これまでこうと思いこんできた教師や友だち、さらには学校にこだわり、その期待や思惑に自分を合わせようとするようになったのであろう。また、これまで自分を統制してきた内なる「他者」にしがみつくことになったのだろう。

その学校とは、彼女が小さいときから「内なる他者」として取りこんできた学校である。さらにいえば、それは幼児期における親との関係において取りこんだ「他者」を学校に投射したものであるかもしれない。しかし、それは資料がないからわからない。とにかく、彼女は彼女を固く縛る支配的な「他者」にこだわったのである。そのために、「内なる他者」は彼女に過大な要求を課すもの、また彼女をいつも統制すると同時に、非難するものとなっていったのであろう。このために、彼女の自我は、支配的な「他者」に呑みこまれて、自己をはてしなく抑制し、縮小化することになったのではないだろうか。「十三歳の小さな私」「私の存在は小さいのではなかろうか」という言葉はそれを示している。(5)

そしてさらに、彼女はこうした「内なる他者」を教師や友だち、さらには学校に投射していったために、ますますそれらは自分を支配するものに見えたのであろう。その結果、彼女はますます学校規範にとらわれて、学校適応過剰な自分、強迫的登校の自分をつくりあげていったのではないだろうか。

自分を完全にコントロールしようとする子ども

ところが、彼女は学校の規範どおりに行動しようとすればするほど、「学校」的なまなざしのなかに、また学校仲間のまなざしのなかにとらえられて、自分がそれらに応えていないのではないかと責めなければならないことになる。そのために、彼女はますます自分を完全にコントロールしようとする。そうなると、身体が意志に反して思いがけない行動をしてしまう。押さえつけても、もうひとりの自分がもれ出すのである。そのために、彼女はさらに完全に自分をコントロールしようとするが、そうすればするほど、彼女の行動はますますぎこちなくなり、不器用になってしまうのである。

だから、彼女は「『くやしかった。』というのは、今日は自分に対しても、人に対しても上手に出来なかったから。自分の心がみんなにうまく伝わらなかったから。それと、いったい私はどうすればみんなとうまくいくかわからなくて、まよってしまった。今も答えは見つけられていない。そんな自分にくるしかった」（四月一六日）というのである。

彼女は自然に、自由に人と交わることができないのである。そのために、「疲れた。私はいちいち疲れるのかもしれない。気にしなくてもいいような事が、疲れた要素に入ってくるのかもしれない。このまま疲れながら一日一日続くのかと思ったら、いやだった。何か、すごくがんばったような気がして、我慢するのに疲れた。我慢しても、一つもいいことないじゃあないか、なんて思って、このまま我慢して、一日一日が続いて、我慢のはけ口がない」(五月一一日)ということにもなるのである。こんななかで、彼女は以前も登校拒否となったのではないだろうか。

しかし、彼女はそれから脱出する道を、言葉のうえでは知っている。「素直になってみんなに接すればいいのだろうか。素直になりたい。そうすればみんなにもぎこちなく(なく)なると思うのだけれど」(四月一六日)。だが、他人を意識して、自分をコントロールしていては、素直になることができるはずがない。素直であることができるためには、いつも自分を非難する他者に代わって、自分をありのままに受け入れてくれる他者が、現実的にも、内面的にも存在するようにならなければならない。そうした他人または「他者」がいるとき、はじめて自分を自然に出せるのである。

それが四月一七日に担任と話していて、不安の遠のくのを感じ、人を信頼して、素直になれる可能性を見出したのである。また、彼女のことを親身に考えてくれる級友につつまれるなかで、その可能性を感じたのかもしれない。彼女はそうした教師や友だちを自分のなかにとりこんで、受容的でかつ共存的な「他者」を内面にきずきだすことができるとき、ということは、これによって支配的な「他者」をのりこえることができるとき、はじめて自然に素直になれるからである。だから、彼女は担任と学級の友だちを命綱にして登校しはじめたのであろう。ここにおいて、強迫的登校とはちがう登校のし方が彼女のなかに生まれはじめたのである。

3　二重の学校・二重の友だち

○四月二六日（日）通信ノート

「最近、いろいろなことも自分でできるようになった。やっぱりみんなが見守ってくれているようになった。だから、とてもうれしい。けれど、みんなに甘えて、クラスの雰囲気が私一人のためにおかしくなるのは、やっぱりいやなことではないだろうか。私だけ明るい顔して、四時間しか授業をうけない。クラスの中の人には、私のことをあまりよく思っていなくて『あの子だけ』と思う人も中にはいるのではないだろうか。だから、『私たちもそうしていいではないか。』などと、考え過ぎかもしれないけれど、そういうのは出ているのではないか、など、頭に渦巻く。」

○五月八日（金）通信ノート

「先生と学校では二日会えなかった（連休ともでは五日）。本当に不安でしょうがなかった。私はしっかりできるだろうか？　朝、学校に行くのがいやにならないだろうか。

まず一日目、何とか自分にむち打って、重い体を布団から抜け出させた。それで、とにかく部活には出られなかったけれど、五時間授業で帰りの会までやれた。

けれど二日目、昨日がんばり過ぎたのだろうか。『もう疲れた。』という文字が頭いっぱいにうず巻く。朝、行きたくなくなってしまった。けれど、朝ぐずっても先生がいないし、迎えに来てくれる人はいない。そう思ったら、行きたくなくても行かなければならないと思い、六時間授業を受けた。そんな出だしだったから、六時間はとってもきつかった。人の言葉に気を使って、いやな一日だった。いつもだったら気にしないでいられる言葉も、その日に限って重く心に突き刺さってくる。まして、その言葉を投げかけられた時に、一人だけだったりして、よけいに突き刺さってきた。

それに昨日は、早退する人や保健室に行って授業に出ない人達がいたりした。私は悪く解釈してしまう。私への当てつけではないだろうか、なんて考えたらもっといやだった。私は誤解を解きたいと思った。けれどその勇気はない。そんな状態で、私はくやしくなって、帰りの会を出ず、帰って来てしまった。家に帰ってきて泣いた。くやしかった。」

○五月一五日（金）班ノート

「私は一班になりました。なりましたと言うより、ならせていただきました。本当に、こんな私が班員でみなさんに迷惑かけて……。私がいると、大きなつまずきになるのではないでしょうか？ 掃除、そして、みんなでやる仕事、それがあまりできていなくて、本当に私は悪い班員だと思います。でも、なるべく負担をかけないようがんばります。がんばりたいと思います。

そして、わたしは皆さんを信じます。こんな私ですけれど『仲間』にして下さい。『仲間』にしてもらうにはやはり努力しなければなりません。私が努力している時、もしかして、たくさんの迷惑をかけるかもしれません。」

○五月二一日（木）班ノート

「今日はそうじが出来なくてごめんなさい。それとこの週は、ほとんどみんなとの仕事が出来なくてごめんなさい。けれど、明日はがんばります。もうあきれてしまった方もいるかもしれませんが、明日は五時間でられそうです。だから、よろしくお願いします。（優しい人達だと信じてがんばりたいです。ヨロシク）」

「本当に、私は恵まれていると思います。他の人も、わからない事など、笑顔で教えてくれたり、本当にありがとう。（私は、みなさんに、そのほほえみがお返しできるその日まで、こんな私、ヨロシク。）」

彼女は担任と友だちに支えられて登校できているのであるが、しかし、彼女は自分を非難する友だちがいるのではないかと恐れている。たしかに友だちのなかにはそうしたものがいたのかもしれないが、それ以上に、彼女のなかの支配的な「他者」が彼女を非難するのである。彼女の自我はそうした支配的な「他者」に呑みこまれて、自分自身で自分を非難しているのである。そのために、彼女自身が、早退する自分、友だちに甘える自分を許すことができないでいるのである。実際、彼女はくりかえし自分は友だちに甘えているのではないかと責めている。だから、彼女は「すみません」「ごめんなさい」をくり返し、「努力します」「がんばります」と誓いつづけるしかないのである。

自分を責めぬく子ども

また、彼女はその内なる「他者」を現実の友だちに投射するから、友だちも自分を非難しているように思えるのである。また、友だちが「道子も甘えているのだから、私たちも甘えていいのではないか」と考えるようになっているのではないかと思うのである。いや、それだけではなく、友だちを非難さえするのである。だから、早退する人や保健室にいく人がいると、かれらが自分のためにそうなったのではないか、また自分への当てつけのためにそうしたのではないかといった強迫観念にとらわれるのである。そのために、彼女の意志にかかわりなく、「傲慢」な考えをしてしまうのである。そうなるのは、彼女が支配的な「他者」の立場で友だちをみるからである。彼女は解放されていないのである。

しかし、五月の一五日と二一日の班ノートになると、友だちに自分を理解してほしいという切ないまでの願いが語られるようになる。担任だけでなく、班の友だちをも命綱にして、なんとか自由に生きることができるようになりたいという彼女の気持ちが語られてもいる。これは計算づくの甘えだといえないこともないが、しかし、彼女は少なくとも必死に友だちを自分のなかに取りこもうとしていることは否定するわけにはいかない。

そうしたなかで、彼女は、校内陸上競技大会には不参加ではあったものの、思わず大きな声を出して応援ができ、「私もいつの日か、そんな涙を流してみたい。美しい涙を……。私も体力をつけて秋の体育祭に出たい」（五月二九日）という夢をもつようになる。そして、班の友だちにささえられて中間試験ものりこえる。

このように見てくると、彼女のなかに二つの異なる対人関係のし方が生じつつあったといっていいだろう。そのひとつは、他人の期待や思惑に過敏に反応し、それに拘束されて、自分を出すことができないそれである。そして、いまひとつは、どんな自分であっても、その自分をまるごと受け入れ、励ましてくれるように思われるそれである。

この二つの対人関係のし方に対応して、彼女のなかに二つの自分が生じている。ひとつは、支配的な他者のまなざしにとらえられて、たちすくむ自分である。いまひとつは、受容的な他者に支えられて、素直になろうとする自分である。いいかえれば、強迫的に登校する自分と、自主的に登校しようとする自分である。

○六月九日（火）班ノート

「やっと、私にとって恐怖の中間テストが終わりました。

『よかった。やったぞ。』という感じで、本当に皆さんがいてくれたから、とても心強かったんです。みんな、テストは教科ごと終わると、『どうだった。』『ではまたがんばってね。』と声をかけてもらったり、緊張した私の心を落ち着かせていったのも、そのみんなの一声一声だったと思います。『ありがとう。』と、みんなにお礼が言いたいのです。

もしもこれが、誰にも声をかけられず、テストをやらなければならなかったら、とってもこの文章は『うそ』という言葉に変わってしまったと思います。だからそれだけ、みなさんの言葉は、私にとって、心の%が大きいのです。

『ありがとうございました。』わたしはそれだけがんばらなくてはなりません。

『がんばるぞー。』」

「とても不器用な私にとって、本当にうれしい事でした。例えば（教育実習生の）歓迎会の閉会の言葉に協力してくれたり、朝早く来て練習するのに、やっぱり私が学校へ行かなくては、いきたいなあーと思うには、そう思う心の中には、皆さんが私のなかにいつもそれなりに影を落としています。」

○六月一六日（火）通信ノート

「昨日も疲れて、疲れて、それで、わかっているのに無理をしたりして、夜一一時半に寝た。何か、あせりにあせって、反抗をしたくなってしまったりして、夜遅く寝たりして。

私の道はずっとあせっていなければならないのだろうか。あせって気が疲れ、あせって気が疲れ、このごろの私はそんなことのくりかえし。泣きたくて、つらくて、死んじゃいたい。そんな毎日ばかりでは、はけ口がなくなり、死んじゃいたくなる。

今日の数学の時間、問題が解けなくていたら、『天才の道子ちゃんに出来ないのに、私にわかるわけないでしょ。』と言っている人がいた。そんな気はないのだろうけど、ひどく気にかかる。私は天才じゃあない。その人はそれを言いたいのではなくて、私を見て、ずるいとか、そう思って言うのだろうなんて考えました。私はだから『あせらなければ……』と思う。思うと心に余裕がなくなる。笑顔も忘れて、涙ばかり思い浮かべる。私の居場所がありません。学校生活でも居場所がなくなる。わたしはどこに姿を置けばいい。信じていた人も敵にまわる。」

「けれど、対人関係は考えるときりがない。私は何もしたくなくなる。いやだ。だから朝起きるのがつらくなる。『今日もいやな日だ。』と思う。

やっぱり私の性格に問題があるのだろうか。それなら直したい。でも、私は精いっぱいだ……。みんなにいじめられているような気がしたりして、人としゃべるにもいちいち気を使う。信じている人まで……。とにかくいやだ。この日から早く脱出したい。誰も信じられなくなる。明日も同じような日が来ると思うといやだ。どうにかしたい。」

二つの対人関係と二つの自分

この二つの手記は、対照的な二つの対人関係のし方、二つの自分をよく示している。

班ノートの方では、彼女は「やっぱり私が学校に行かなくては、行きたいなあーと思うには、そう思う心の中には、皆さんが私の中にいつもそれなりに影を落としています」といっている。こうした言葉は、自分のなかに人を入れることのなかった登校拒否児が、立ちなおるときによくいう言葉でもある(1)。彼女はたしかに自分を支持してくれるものとして班の友だちを内面に取り込みつつあったといっていいだろう。

ところが、通信ノートの方では、班員なのかどうかはわからないが、友だちのだれかの言葉にひどく傷ついて、「私の居場所がありません」といっている。それだけではなくて「みんなにいじめられているような気がしたりして……誰も信じられなくなる」とさえいっている。そして、「あせりにあせって、反抗したくなってしまったりして、夜遅く寝たりして」ともいっている。

二つのノートが矛盾しているのは、書く相手が違うのだから、当然のことかもしれない。しかし、彼女のばあいには、検討すべき問題がかくされているように思われる。というのは、班ノートと通信ノートとは、先の二つの対人関係のし方を示しているからである。それも、ノートが示しているように、この二つの対人関係のし方は別々にあるのではなく、一つの対人関係のなかにあるところに彼女の問題性があるからである。これが対象関係の混乱である。

彼女は班ノートでは、支配的な他者のまなざしに代えて、友だちの親密なまなざしを取り入れようとしているのに、通信ノートでは、ふたたび友だちの支配的なまなざしにとらえられている。ここに見られるように、友だちのまなざしが彼女のなかで乱反射している。彼女は友だちのまなざしに支えられているのであるが、それがまた彼女を非難するまなざしとなってくるのである。彼女は一方では友だちを信じたいのであるが、友だちが信じられなくなる。いや、それ以上に友だちはまさに自分を突き刺すものとして映ってくる。そのために、友だちと安定した対象関係を結ぶことができないで、彼女自身もまた不安定になるのである。

このために、友だちはたしかに自分を受け入れ、かつ支持してくれるものでもあるが、しかしまた、その同じ友だちが学校的なものを自分に押しつけてくるものとなっているのである。このように友だちが彼女にとって二重に見えるということは、同時に教師も二重に見えるということでもある。つまり、彼女にとっては、教師は、自分に過大な要求を課して、自分を支配するものであるとともに、自分を受け入れ、励ましてくれるものとなるのである。そしてまた、学校も、自分を硬直させ、打ちのめす学校と、自分に自然な生き方を許し、自由に自分を出すように促す学校というふうに二重に見えるのである。(7)

これが「学校に行かねばならない」というときの学校であり、また「学校に行きたい」というときの学校なのではないだろうか。こうした「学校」が、心理的不安のために学校に行けなくなる登校拒否の子の「学校」である。

ところで、この日の手記のなかで、いまひとつ注目すべきことがある。それは「反抗したくなったりして」という彼女の言葉である。この言葉にも考えなければならないことが隠されているいるように思われるが、それについては後で問題にすることにしよう。

4　自主的登校へ

○六月二二日（月）通信ノート

「土曜日、山口先生（教育実習生——引用者注）の送別会をやった。思わず、最初の方から涙ぐんでしまい、他の人から『道ちゃん、早いよ。』と言われたりして……。

送別会のために朝早く学校へ行って、練習したりして、そして、会場を飾って、まさに、自分も加わった作業で作り上げた。山口先生にもいい先生になってもらいたい。

それで、先生には私の通信ノートの文章を読んでもらい、拍手してもらったりして、本当にいい会だった。いい会に参加でき、それを作り上げる事に手伝いが出来た事にも、もしかしたら涙が思わずこぼれたのかもしれない。うれしかった。よかった。

それと、感動できたのは、私が、私で、素直に泣けてしまった事、私がこういう会で泣いたのははじめてだった。」

○一一月九日（月）班ノート

「本当に考えると長かったのです。五か月の間、いつもおだやかではなかったら……。少しもめ事が部の中にもあったりして、私も精神的につらいななんて思った日もあったし。でも、そう思いながらも、こんなにも長い間同じ劇をやってこられました。それは、私には、暖かい目でいつも見守ってくれる二年三組のみんな、仲間がいつもそばにいてくれたから。」「けれど、（以前にくらべると）今は違います。わたしはたくさんの仲間がいるんだということが、ここにこうやって文章にただ書いているだけではなくて、実感として伝えられて、私の本当の仲間へ、私が揺り起こされて、また目覚めることができました。……私がみんなに伝えたいと思うのは、私の本当の仲間に、今、やっと目が向けられるようになったという事です。ありがとう。ありがとう。ありがとうございます。」

自分を素直に出しはじめる

六月二二日、彼女は教育実習生の送別会ではじめて、閉会の辞を述べる役についたのである。この日の通信ノートはその喜びを語っている。このころから彼女は先生と友だちに感情を素直に出せるようになった。これをきっかけにして、彼女は学級に積極的に参加しはじめた。友だちの学習の面倒も見ることができるようになった。英語・数学のおくれをすっかり取り戻して、期末テストも抵抗なく終わり、学年キャンプもかなりの山道を気力で歩きとおした。「そして今では、私を大切にしてくれる人達がいっぱいいてくれるようになった。やっぱり二年三組でよかった。もし他のクラスで、自分だけがんばっても、どれだけ成果がでただろうか」(七月二一日)と一学期末に通信ノートに書くまでに成長した。

そうしたなかで、彼女は「私が、どれだけ荷物の取れない困ったおばあさんを卒業して、荷物を取ってあげられる人に近づくか。……それが私の二学期の最大の欲だ。課題だ」(九月一日)といって二学期をはじめていく。この「欲」についても考えなければならない点があるが、それはともかくとして、彼女はこうした決意のもとに体育祭では選手として参加する。

「疲れは感じるけれど、この疲れは神経の方ではなく、肉体の疲れだ。その疲れはさわやかさを感じさせてくれる。『やったあー。』キャンプの時よりも、もっと充実感を感じられる。」(一〇月六日)

ここには、一学期のときの校内競技大会のときとはうって変わった彼女がいる。これまで体をちぢこまらせて生きてきた彼女は、ここでは体から体育祭に参加し、それを素直に喜んでいるように見える。

また、演劇部の文化祭公演の『リア王』の主役に抜擢され、それに打ちこみ、大役をりっぱに果たした。一一月九日班ノートには、公演後の彼女の友だちにたいする感謝の気持ちが感動的に語られている。すこしばかりオーバーだとしてもである。

担任も、このころ「最近の道子を見ていると、半年前の道子がまるでウソのように感じられる。先日も『二人であんなに悩んだり、苦しんだりしたことが、まるで、遠い昔の時代のような気がするなあ。道子にとっては、もう私など必要ないな』と話した」と記録している。担任は、彼女は自主的に登校でき、自主的な学校生活を送ることができるようになったと見ていたようである。すべてが順調に進んでいるようであった。(だがそれがおとし穴であったのだ。)

友だちへの憎しみ

しかし、それでも彼女は不安に見舞われていた。主役に選ばれたとき、先輩に「今回はミスキャストかもしれない」といわれてはおちこむ。演劇部のトラブルに気をもむ。中間テストの成績にこだわる。そして、「班での事、自分が何も班員として出来ず、班長の恵美ちゃんがすごく偉い人なのだと思い、私はちっぽけなものでしかない」「友達に対しての自分の欲が大きすぎてしまい、たまらなく自分の醜さをいやだと思う」「少しの事を友達からいわれたりすると、感情の起伏が激しいのか、すぐ涙がこぼれ落ちそうになる。泣きたいのにそれを押さえる自分が本当にいいのかわからない」(一〇月二七日)という。

ここにみられるように、彼女はこれまで彼女によりそってくれた恵美に劣等感をもつ。彼女が恵美に劣等感をもつのは、恵美のなかに自分を支配するものを感じていたからである。彼女は恵美にかぎりない感謝をもちつつも、恵美を憎んでいたのである。また、友だちに強迫的に応えようとするあまり、友だちにちょっとしたことをいわれると、それだけで友だちに支配されているように感じるのである。そして、信頼が裏切られたように思い、友だちから逃げようとするのである。彼女の対象関係の混乱はなお解決されていなかったのである。
こうした問題をふくみながらも、彼女は三年の七月まで順調に学校生活をつづけていった。担任が報告している彼女のノートも、先の一一月九日のノートで終わっている。

5 三度目の登校拒否

○再度の登校拒否へ

彼女は二年の三学期はほとんど休むことなく登校し、三年に進級した。彼女は二年のときの担任の学級に所属し、四月に班内互選の班長、五月には立候補して班長と修学旅行の実行委員となり、その仕事をりっぱにはたした。しかし、その「りっぱさ」に問題があった。「彼女は自分自身に厳しいために他人にも厳しかったんですね。私が実行委員会を指導していたんですが、『決まりはきちんと守らなければいけないけど、宿屋での夜の過ごし方なんかはかなりハメを外したって構わないよ。翌日病人を出さない程度のハメのはずし方なら、そのへんは実行委員の判断でやっていいよ』と、かなりゆるみをもたせて指導したんです。だけど、彼女の班だけはダメなんですね。彼女は、決めたことはビシッと守らせる。就寝時間から何からビシッと守る。そういう彼女の潔癖さに、班員がまいっちゃうんです。そのへんで彼女もなやんでいた感じでした。」

その後、夏休みを前にしての再度の班がえのとき、彼女はまた班長に立候補したが、その選挙当日の金曜日からかぜを理由に欠席しはじめた。選挙の結果は落選だった。担任が月曜日に電話をしたら、「風邪がなおったから明日は学校へ行きます」という返事だったが、つぎの日には登校してこなかった。二人の友だちが迎えに行っていいかと問いあわせてきたので、それを許したところ、一時間目が終わっても帰ってこない。担任が家に行くと、彼女は制服を着て、部屋のすみにうつぶせになって動かないでいた。

夏休みになって、家庭訪問すると「帰れ」と面接を拒否する。九月に家庭訪問すると、一日か二日は食事もとおらない状態となるので、前から道子をみていた児童相談員にバトン・タッチして、担任は身を引くことになった。

彼女が再度の登校拒否におちいった直接のきっかけは、つぎの四点になるという。

① この七月に入院していた父親が家に退院してきたために、彼女のなかにはげしい動揺があり、修学旅行の後あたりからおちこんでいた。それを担任が知らないでいた。

② 彼女が班長に立候補してきたが、がんばりすぎているので班長任務からはずしてやろうと担任は考えて、当選するように運ばなかった。この「班長任務からはずしてやろう」という意図が裏目に出た。

③ 彼女の欠席理由が実はかぜではなく生理痛であったのが、担任はそれを察することができなかった。あとで彼女が言ったところによると、彼女は「あれほど私が明日行くといったのに、先生が迎えによこしたんだろう。なぜ私を信用しないのか」と思ったという。このために、彼女と担任の信頼関係が壊れたのである。

④ 二年のときから彼女とつきあってきた、迎えにいった友だちのひとりが、アルコール中毒と肝硬変で父親を一年前になくした体験から、「私だって頑張っているんだから道子ちゃんも頑張らなくちゃ、甘ったれないで」と励ました。この言葉は、彼女のもっとも気にしていたことを突くものであった。

その後、一二月五日、彼女から申し出があって、担任が彼女と会うことになった。

「六時間『糾弾』でした。『二年生のあのとき、先生はこういったじゃないか、あれはどういう意味なんだ』『あのとき先生はこう言った。だから私は先生は嫌いなんだ』と。克明にメモしているんです。それを基に私を『糾弾』する。二年のときあれだけ私を信頼し、私を頼り切っていた彼女が。

私は半分以上は弁解しないで、私にぶつけることで気持ちをまぎらわせるんだろうと思って聞いていたわけです。ただ彼女が誤解している部分については、『それはこういうことだったんだよ』というと、『あ、また先生に負けちゃった、いわなければよかった』と言う。やはり卒業を気にしているんですね。三年の一二月五日ですから。

『このままじゃ卒業できないのか』と言う。

『できないだろうなぁ』と言うと、

『先生の責任で私は休んだんだから、先生が卒業させろ。学校へ行かなくても卒業できるようにさせろ』と言う。」


こうした話しあいがあったものの、彼女の登校拒否はつづいた。卒業式の翌日に、彼女のためだけの卒業式が行われて、彼女は卒業していった。それから一年後の三学期になって、進学のための書類が必要なために、彼女は児童相談員とともに登校してきた。そのときは、担任はあまり気まずくなく話ができた。そして、その年の秋、彼女は担任と、迎えにいった二人の友だちに、高校の文化祭の案内状を送ってきた。

だれもが二重に見える「魔圏」のなかで

彼女が修学旅行の委員になったときに、彼女は潔癖さから自分にも他人にもきびしかったのだが、そのきびしさとはいったいなんなのか。それは、学校規範に呑みこまれて、それを強迫的に実行している彼女の完全主義的な構え方である。それが強迫的登校者としての彼女のすがたなのである。彼女はまさに学校に「支配」されてきたのであるが、いま委員として班員を「支配」する位置に立ったのである。このために、彼女はこれまで自分がそうしてきたように、友だちにそうすることを強要したのであろう。修学旅行の委員になって、強迫的登校者としての彼女がふたたび現れたのである。

ところで、いま一度、彼女のノートをよみ返してみると、つぎのことに気づく。それは、彼女は友だちとかかわったときの自分の思いについては実によく書いているが、彼女にかかわっていた友だちのことは少しも、というよりは、何ひとつ書いていないことである。担任が編集したさいにそれを割愛したのかもしれないが、それにしても友だちについての事実がひとつも書かれていないとはどういうことなのだろうか。彼女はもしかしたら友だちに一度も関心をもったことがなく、友だちの立場に一度も立つことがなかったのではないだろうか。

たしかに彼女は切ないまでに友だちに感謝はしている。自分は友だちに包まれているともいっていた。しかし、友だちにたいする恨み、憎しみ、妬みがいつも通底音となって流れているようにわたしには感じられる。友だちから支配されているというか、友だちに面倒をみられているという恨みが通底している。ここに、二重の友だちという彼女の対象関係の混乱が示されている。このために、彼女は友だちの立場に一度もたつことができなかったのではないだろうか。

そうだとすると、彼女の「私も、何か、何か、たった一つの事でもしてあげられる人になりたい」という「欲」とは、いったいなんだったのだろうか。友だちの立場にたつこともできないものが、友だちになにかをするということがあるのだろうか。もしかしたら、その「欲」は、援助される立場から援助する立場に、いや、支配される立場から支配する立場に変わりたいという「欲」であったのかもしれない。彼女はもしかしたらいつも「援助」を「支配」として感じていたのではないだろうか。だから、彼女は実行委員や班長になったとき、そうしようとしたのではないだろうか。

もちろん、だからといって彼女が担任や友だちにたいして信頼感をもったことを否定するつもりはない。くり返しいうようであるが、担任もまた友だちも、彼女にとってはいつも二重に映っていたのである。つまり、自分を信頼してくれる他者であると同時に、また自分を支配する他者として存在していたのである。おそらく、父親の退院からくる動揺のなかで、彼女の対象関係がふたたびもつれだしたために、彼女はまたしてもだれとも、なにをも二重に見るようになってしまったのではないだろうか。

いいかえれば、彼女はだれもが二重に見える「魔圏」のなかにいたのである。このために、彼女にかかわってくるものはすべて、自分をからめとり、支配するもののように見えたのである。彼女は、友だちを迎えによこした担任のなかに、自分を信頼してくれる教師ではなく、自分を「支配」する教師を見たのである。また、友だちのなかに、自分を援助してくれる友だちではなく、自分を「支配」する友だちを感じたのである。だから、迎えにきた友だちに「甘ったれないで」といわれたとき、これまでの友だちにたいする恨みが噴きだしたのである。だから、彼女はかれらを拒否し、かれらに反抗したのである。それ以上に、彼女は支配的な「他者」にたいして、自分を爆発させたのである。(8)

そうだとすると、このときの登校拒否は、これまでのそれとはいささか性格を異にするということができる。これまでの登校拒否は、先にも述べたように、支配的な「他者」を恐れて、家庭に逃避したものであったのかもしれない。しかし、このときの登校拒否は、自分を強迫的登校に追いこんできた「他者」にたいするはじめての反撃という性格をもっていたように思われる。また、これまでの登校拒否は、「学校に行かねばならない」という思いのなかでの、無意識的な登校拒否であったのにたいして、今度の登校拒否は、「学校に行きたい」という思いのなかでの、なかば意識的な登校拒否であったのではないかと思われてならない。

教師への「糾弾」

ところで、彼女が担任にたいして六時間にもわたる「糾弾」をしたとき、克明な「メモ」にもとづいて「糾弾」したとある。もしかしたら彼女は通信ノート・班ノートとは別に、もうひとつ日記を書いていたのではないか。実際、そうした子どもがいる。彼女はその「メモ」のなかにいつも自分を「支配」する教師や友だちにたいする恨みや憎しみを書き連ねていたのではないだろうか。それによって、彼女は徐々に自分を強迫的登校に追いこんできたものの正体を見破っていったのかもしれない。

わたしは前に、「反抗したくなったりして」という六月一六日の彼女のノートに注目すべきであるといったが、この頃から彼女は担任や友だちに反抗したかったのかもしれない。この日、それを思わずもらしたのかもしれない。だが、そのときは反抗することができるほど、担任を信頼していなかったのであろう。

ところが、その反抗が三度目の登校拒否となって噴きだしたのである。それを彼女は「糾弾」という形で担任にぶつけたのである。これまでの担任と子どもたちの取りくみが彼女に届いたからこそ、彼女はいまはじめて自分の生の感情をぶつけることができるようになったのである。また、彼女も自分を出すことができるほどに強くなっていたのである。彼女は担任にたいする信頼をかけて、かれに自分をまるごと「糾弾」という形で投げ出したのである。「先生の責任で私は休んだのだから、先生が卒業させろ。学校へ行かなくても卒業できるようにさせろ」という彼女の言葉のなかには、これまでの彼女からは考えることができない「甘え」がかくれている。

依存がなければ、反抗も自立もないのである。それが思春期の特徴なのである。もしかしたら、彼女はこのとき担任の対応次第では、登校するつもりでいたのではないだろうか。担任が彼女の「甘え」を正面から受けとってくれるならば、登校しようと考えていたのかもしれない。ところが、彼女の予期に反して、担任は彼女の「糾弾」に絶望して、彼女に正面から応答しなかったために、彼女は登校するきっかけをつかむことができなかったのではないだろうか。

このようにみてくると、彼女ははじめて自分からすすんで支配的な「学校」を拒否しようとしたのである。そうすることによって、はじめて自分をまるごと受け入れてくれる「学校」、自分にとって必要な「学校」を発見しようとしたのではなかったか。登校拒否の子どものなかには、このような「二度目」の学校拒否をなかば意識的にして、自分にとって必要な「学校」を発見していくものがいるが、彼女もまたそうした子どもだったのではないだろうか。

彼女がこのような「二度目」の登校拒否をしなければならなかった理由はないわけではない。というのは、彼女はこれまで教師や友だちからいつも助けられて登校してきただけであって、自分を突きだす形で登校してきたのではなかったからである。別ないい方をするならば、彼女は自分をまなざす支配的な「他者」にたいして、自分をぶつけて、まなざし返すことがなかったからである。いつも他人に気を配って生きてきた彼女にとっては、自分を出すことでもって、教師や友だちに「迷惑」をかけ、かれらに「害」を加えるようなことが必要であったのではないだろうか。そうしたことがまるでなかったから、彼女はこうした形で自分を出さなければならなかったのである。

「二度目」の登校拒否

彼女はこの「二度目」の登校拒否によって、はじめて支配・被支配の関係から、また強迫的な磁場から自分を解放することができ、強迫的登校者としての自分をくずすことができたのではないか。彼女は、この「二度目」の登校拒否によって、強迫的登校者としての自分から、自主的登校者としての自分へと自己を再統合していくきっかけをつかむことができたのではないだろうか。いいかえれば、彼女はこれによってはじめて担任から心理的に分離・独立することができるようになったのである。彼女は「二度目」の登校拒否をしたからこそ、高校に進学することができたのである。彼女は後にこのことに気づいたからこそ、高校の文化祭の招待状をおくってきたのではないか。

このようにみてくると、この実践は見かけは失敗のように見えるが、けっしてそうではないということができる。担任は自分から分離・独立する力を彼女につけたのであり、そうした反抗のできる関係を彼女との間につくったのである。その意味では、この実践は、その意図にかかわらず、彼女を自立させるものとなったのではないだろうか。(9)

もしこの実践に大きな問題があるのだとするならば、「糾弾」のときの担任の対応のし方のなかにあったのではないかと思われる。対象関係の混乱している子ども、その内に「魔圏」を抱えているような子どもと付き合っていると、このような「糾弾」にしばしば見舞われることがある。かれらはそうすることで、相手が真に信頼できるものなのかどうかを試しているのである。かれらは教師やカウンセラーにはげしく反撃することでもって、教師やカウンセラーが真に依存できる対象なのか、真に信頼するに値する対象なのかを確かめているのである。そうしたかれらの「試験観察」をのりこえないかぎり、かれらと信頼関係をむすぶことができないことをつくづく思い知らされることがある。

そうだとすれば、この「糾弾」のときが、彼女への取りくみの正念場であったのかもしれない。教育実践のなかには、こうした正念場がしばしばある。こうしたなかで、学校を貫通している「支配」をのりこえて、子どもと出会わないと、教育関係を子どもと取りむすぶことのできない時代に、いまわたしたちはいるのである。

(1)　斉藤大仙「ある登校拒否――彼女を追い込んだ者と彼女を立ち直らせた者」(『日教組第三一次全国教育研究集会第一一分科会埼玉教組報告書』一九八二年）による。なお、本報告は、日本教育学会『現代社会における発達と教育・研究報告第三集――「登校拒否」問題と学校教育』（一九八五年）に再録されている。また、本研究報告は、本研究委員会が斉藤を加えておこなった本実践記録についての検討会の記録をも収録している。なお、道子は原報告ではA子とよばれている。

(2)　前掲日本教育学会『研究報告第三集』のなかで、斉藤は「いままでも『登校拒否』の生徒がいなかったわけじゃないんですが、そういうとき私の学校の教師なども、家庭に問題があるとか、生育歴に問題があるとか、ひどいのになると、先祖代々ダメなんだという、責任転嫁のような話しになっちゃうことがあるわけですね。しかし、私は、A子にかかわっていくなかで、家庭の問題を聞いても私には家庭の問題にとりくめる力はないような感じがしたことが一つと、教師としても自分の指導を放棄する自己弁護のために家庭の問題を聞き出すというのがいままで多過ぎたように感じて、それへの抵抗も半ばあって、自分の守備範囲である学級を中心に彼女にとりくもうと考えたわけです」と発言している。斉藤は彼女の家庭事情を知っていないわけではないが、あえてそれにふれていないとも考えられるし、家庭への取りくみはどうやら児童相談員が分担していたようにも思える。こうした斉藤の実践の姿勢については、本研究報告のなかで藤本卓がコメントしているので参照されたい。

（3） 登校拒否の子の内観報告として発表されているものは、ほとんどそれから立ちなおってからのものであるので、こうした記録はめずらしい。ただし、彼女は再度登校拒否になったあと、メモを見ながら斉藤を六時間にわたって「糾弾」したとあるから、別にいまひとつの記録をつくっていたとも考えられる。つまり、日記を二つ書いていたとも考えられる。しかし、そうであったとしも、彼女のノートは、登校と不登校のはざまにあった子どもの内面をよく語っている貴重な資料であることにかわりはない。

（4） 山中康裕「思春期内閉　Juvenile Seclusion」（中井久夫・山中康裕編『思春期の精神病理と治療』岩崎学術出版社　一九七八年所収）。なお、本論稿は、佐治守夫他編『登校拒否』（『現代のエスプリ』第一三九号　一九七九年）に再録されている。

小沢勲「思春期神経症と家族」（『児童精神医学とその近接領域』第一〇巻第三号　一九六九年所収）

（5） 対象関係とは「自我と対象との間に成立する関係を意味する精神分析学の概念。対象とは、人間が主であるが、必ずしも人間に限らず自我が関係をもつすべての事物を意味する。対象関係をもつことは自我機能のひとつであり、対象との関係のあり方の様相は自我の発達とともに変化する」（『精神医学事典』弘文堂　一九八四年の「対象関係」〈岩崎徹也執筆〉の項による）

（6） たとえばⅣ章に紹介するSという登校拒否児の発言を参照されたい。また、横湯園子『登校拒否――専門機関での援助と指導の記録』（あゆみ出版　一九八一年）のなかで、梓という登校拒否児は「いままでは自分の中に人をいれなかったが、いまはちがう」（二二九頁）と述べているのもその一例である。

（7） 「二重の学校」について、わたしは前掲の「研究報告」の斉藤実践検討会のなかでつぎのような発言をしている。

「子どもの側には、学校というのは二重・三重に見えているわけですね。学校は『恐い他者』の原型でありながらも、同時に素直になりたいという自分を受け止めてくれそうでもあるという多重構造になっている。担任も友だちもそのように見えていると思うんです。教師が、学校や教師や友だちが何重にも見えているその子どもの内面を見ながらアプローチするのではなくて、正面攻撃で学校への積極的適応を要求していくとなると、これは、教師のアプローチが子どものなかの『恐い他者』をいっそう強める役割をしかねないんですね。『登校拒否』のある時期に家庭訪問をするということが逆効果を呼び起こすという場合は、そういう形になっていると思うんです。それがプラスの役割を果たすときは、子どもの側がそのときハッと自分を受け入れてくれる他人を発見したという、そういうことにもなると思うんです。そのような、子どもから見ると二重の学校、二重の教師に見えるところが、この実践のなかでどのように教師に意識されていたのか。もっとも、それは、意識しないはずはないとも思うんですね。子どもは日々変わりますから、教師もしょっちゅう揺れると思うんです。ですから、教師は無意識に子どもの揺れに対応しているんですが、それをなかなか自覚化できないんじゃないかと思うんです。」

（8）　斉藤実践についての検討会では、彼女のノートを読んでいると、彼女が登校拒否を再発させるにちがいないと思ったという発言があいついだ。そして、対象関係がもつれている彼女のような子どもに取りくむときは、性急さは禁物だとされた。そのことは斉藤もまた知っていたはずである。恵美さえも、道子の対象関係のもつれに精神的に参ってしまうことがたびたびあったというから、斉藤も細心の注意をこめて取りくんだのではないかと思う。それでも、たしかにいわれるように、もっとゆったりと彼女に取りくんだほうがよかったのかもしれない。しかし、そうはしても、彼女がゆるやかに自己の解体と再編をまっとうすることができたかどうかわからない。実践は結果論では断定することはできないからである。

（9）　「二度目」の登校拒否の意味については、中山一樹が「『登校拒否児』の内的ダイナミックスと現実的行動の諸相――分析的検討」（日本教育学会『現代社会における発達と教育　第四集』一九八六年所収）において言及しているので参照されたい。

IV 強迫的登校と登校拒否

1　ひろがる登校拒否

日本では、登校拒否は、一九五〇年代末から注目されはじめ、六〇年代には前思春期から思春期の子どものなかに急激にひろがっていった。ちなみに、六〇年代の前半というと、それは高度成長期の谷間の、不景気の時期であり、非行の第二のピーク期でもあった。

登校拒否の出現率

こうしたなかで、一九六七年度から文部省は、おそまきながら「長欠児童・生徒」のうちに「学校ぎらい」という項目を設け、実態を把握しはじめた。それによると、六七年度の公立中学生の「学校ぎらい」は一一、二四三人、出現率〇・二二％であった。しかし、その後、その出現率は、主要刑法犯少年のそれとおなじく低下していった。

ところが、オイル・ショックのあった一九七三年前後から、非行とおなじくこれも増勢に転じた。そして、第三の非行期がはじまった七七年以降、それもまた急上昇し、八五年度にはついに戦後最高を記録した。七七年度の中学校の学校ぎらいの生徒は、九、八〇八人、出現率〇・二〇％であったが、八五年度には二七、九二六人、出現率〇・四七％となり、この間に人数、出現率とも二倍以上となった。(1)

東京の江戸川区教育研究所の調査もまた、登校拒否の子どもが一九七〇年代後半から八〇年代前半にかけて増加したことを示している。教師の登校拒否児の担任経験にもとづくこの調査によると、それは小学校、中学校とも、一九七七年度から激増し、八二年度には小学校では七七年度の三・五倍、中学校では七七年度の一〇倍となっている。

それは、登校拒否の子どもを、①登校拒否群（ほとんど出席しない、一ヵ月のうち半分位断続的に休む）、②準登校拒否群（一ヵ月のうち一週間位休む）、③登校拒否予備群（休みあけやきまった曜日に休む、電話連絡などすると登校するが、連絡しないと休む、休まないが遅刻・早退が多い、親や友達がつれてきている、登校はするが保健室に行く機会が多い）の三群に分けている。

一九八三年度の中学生二四、〇〇七人のうち、登校拒否群は、一八三人、〇・七六%であり、準登校拒否群は、五三人、〇・二二%、登校拒否予備群は、四七人、〇・二〇%である。登校拒否群と準登校拒否群を合わせると、二三六人、〇・九八%となり、三群を合わせると、二八三人、一・一八%となる。ここに見られるように、江戸川区の公立中学生の登校拒否出現率は、全国のそれをはるかに上まわっている。(2)

登校拒否の出現率と非行の出現率との相関

また、古川八郎・菱山洋子は、一九七一年度から七八年度までの資料にもとづいて、学校ぎらいの出現率と二五の要因との相関を調べている。

それによると、畳数との相関係数は〇・八、被保護者数の多い地域とのそれは〇・六、離婚率の高い地域とのそれは〇・五、工業地区および工業性の比較的高い地域とのそれは〇・五、非行少年の出現率との相関は〇・八となっている。地域的に見ても、出現率は江東区、足立区、江戸川区では〇・四〜〇・五%であるのにたいして、千代田区、杉並区、文京区、武蔵野市では〇・一%台であり、その差は〇・三%前後におよぶ。

かれらはここから「明らかに経済的、家庭的要因ないしは住居環境などが、相対的ではあるが条件としては悪い地域において学校ぎらいの出現率が高い」としている。また、それと同時に、「非行少年の出現率の増加と学校ぎらいのそれとが同時期にピークを迎えるのみならず、減少期においても同様の傾向をみせていることは注目に値するといえよう」と述べている。(3)

登校拒否の質的変化

ところで、こうした登校拒否の量的な変化は、その質の変化を示すものでもある。吉田脩二によると、一九八〇年ごろから登校拒否のあり方が変わりはじめた、という。これまでの良い子ではあるが傲慢な生徒の登校拒否に代って、知的水準がかならずしも高くはなく、性格的に偏りがあり、精神的にも虚弱な生徒のドロップアウト的な登校拒否が多くなっている、という。そして、かれは、今後ひろがるだろうと予測されるものは、親が関心をまったく示さない登校拒否、親に捨てられた子どもの登校拒否だろうとしている。(4)

こうした量・質にわたる登校拒否の変化は、さまざまな問題をわたしたちに提起しているように思われる。やや予断をふくんでいうと、それは、これまで中流階層の家族の病理と見なされてきた登校拒否が、急激に低所得層の家族にひろがりはじめ、非行・低学力による怠学とむすびつきはじめたのではないかということである。

ということは、逆にいうと、これまで「学校」というものに呑みこまれることの少なかった低所得層の子どもと家族が、学力・忠誠競争を強いてくる「学校」にもろに呑みこまれるようになり、このために、中流の教育家族の子どもたちと同じように、登校拒否にまきこまれるようになったということである。しかし、「学校」はかれらを競争にまきこみながらも、かれらを早期にそれから排除するために、かれらも登校拒否という形で、「学校」から離脱・離反しはじめたのだともいえる。

2 登校拒否とはなにか

広義の登校拒否と狭義の登校拒否

ところで、文部省のいう「学校ぎらい」とは、年度間に通算五〇日以上の欠席をしたもののうち、①とくに身体的な病気がない、②家庭のなかに通学に困難を生ずるような経済的な問題がない、③非行との結びつきがないもの、となっている。要するに、学校ぎらいとは、これらを除いた心理的、精神的な理由から年度内に五〇日以上欠席したものということである。

これにたいして、文部省の登校拒否についての指導資料は「登校拒否とは、主として何らかの心理的、情緒的な原因により、客観的に妥当な理由が見いだされないまま、児童生徒が登校しない、あるいはしたくともできない状態にあることとして幅広く理解することが妥当であろう」としている。(5)

そして、その中核には「本人には登校の意志が十分ありながらも登校できないという、理解困難で神経症的な症状を示す登校拒否」があるとしている。つまり、登校しなければならない、ないしは登校したいと思いながらも、登校することができない心理的機制から不登校状態におちいり、そのために多様な神経症的症状を示してくるものを登校拒否の中核群としているのである。

しかし、これはさきの「学校ぎらい」の規定とは反対に登校拒否をきわめて広義にとらえている。

「ア　不安を中心にした情緒的な混乱によって登校しない、神経症的な登校拒否の型
イ　精神障害による拒否で、精神的な疾患の初期の症状と見られる登校拒否の型
ウ　怠学すなわちいわゆるずる休みによる拒否で、非行と結び付きやすい登校拒否の型
エ　身体の発育や学力の遅滞などから劣等感を持ち、集団不適応に陥り、登校を拒否する型
オ　転校や入学時の不適応、いやがらせをする生徒の存在などの客観的な理由から登校を拒否する型
カ　学校生活の意義が認められないというような独自の考え方から、進路を変更する又は変更したいために登校を拒否する型」

このタイプ分けは、小泉英二のそれによっていると思われる。かれも登校拒否を広義にとらえて、①神経症的登校拒否（狭義）（従来学校恐怖症とよばれたものを含む）、②精神障害によるもの（精神分裂病、うつ病、神経症などの発病の結果登校拒否をするもの）、③怠学傾向、④積極的、意図的登校拒否（学校に行く意味を認めず、自分の好きな方向を選んで学校を離脱するもの）、⑤一過性の登校拒否（転校、病気その他客観的に明らかな原因があり、それが解消すると登校するようになるもの）に分類している。(6)

このなかの、狭義の登校拒否とされている①の「神経症的登校拒否」は、文部省のタイプ分けの(ア)と同じものである。これは、小泉によると、「Aタイプ（優等生の息ぎれ型。親からの心理的独立の挫折、自己内の葛藤に起因するものが多い）」と、「Bタイプ（甘やかされたタイプ。社会的情緒的に未成熟で、

困難や失敗をさけて安全な家庭内に逃避する）」の二つからなるとされている。おそらくAタイプは、いわゆる教育家族の「できる子」に多くみられ「神経症」型の登校拒否を指しているのであろう。それにたいして、Bタイプは、母子分離不安にもとづくとされてきた「学校恐怖症」型の登校拒否をさしているのであろう。

他方、③の「怠学傾向」は、文部省のタイプ分けの(ウ)と(エ)にあたるものである。かれによると、それは「無気力傾向（学習意欲に乏しく、時折休む。教師や親にいわれて登校するが長続きがしない）」と、「非行傾向（学校や家庭に適応できず、非行グループに入り、学校に来ない）」からなるとされている。

このように、これらは登校しないという点から、怠学を広義の登校拒否としているのだが、怠学に登校拒否的な心理機制があると考えているわけではない。

これにたいして、多くの登校拒否論は、さきの「学校ぎらい」の規定とおなじく、登校拒否の心理的機制の有無にもとづいて登校拒否と怠学との区別をはっきりと立て、怠学を登校拒否のなかに入れることについては批判的である。だが、このために、これらは、近年における登校拒否と怠学との境界線の不明確化、ないしは連続性という問題状況を見おとすきらいがある。

登校拒否像の多様化

ところで、近年、登校拒否という言葉に代えて、不登校という言葉を用いる精神科医が増えつつある。それは、もともと子どもは登校ないしは学校を拒否しているのではないという理由からでもあるが、登校拒否の多様化と質的変化を考慮してのことでもある。

たとえば、大阪府下の一公立中学校における、一九六八年からの一五年間の不登校の実態を明らかにした北村陽英などの調査は、非行、精神発達遅滞（知能指数七〇以下）、病気、家庭事情のためによる欠席などを除いたうえで、学校にたいする子どもの構え方から不登校生徒をタイプ分けしている。

その学校にたいする構え方とは「(1)学校に行きたいという気持ちは持っているが、いざ登校しようとすると不安になり、学校へ行けないもの。従来、学校恐怖症（school phobia）と呼ばれていたものに相当、(2)本人なりのなんらかの理由をあげて、登校に対して拒否的な態度を持ち続けるもの。登校拒否症（school refusal）とよばれているものに相当、(3)明確な理由もなく学校に行こうとせず、学校に対してなんら関心を持たず、いつとはなしに学校へ行かなくなってしまうもの。学校脱落（school drop-out）と表現しておく」の三つである。そして、かれらは、(1)を学校恐怖型不登校、(2)を登校拒否型不登校、(3)のうち、知能指数九〇以上のものを萎縮型不登校、知能指数七〇から九〇までのものを境界知能例の不登校としている。(7)

萎縮型不登校と境界知能例の不登校

このなかで注目すべきものは、萎縮型不登校と境界知能例の不登校とよばれているものである。

萎縮型不登校は、さきの説明によると、「学校になんら関心をもたず」といわれているように、学校に行かねばならない、ないしは学校へ行きたいということがないようにいわれている。しかし、かれらにも心気症的症状がみられることを考えると、これをたんなるずる休みと断定することはできないだろう。

かれによると、「萎縮型不登校の生徒は、引っ込み思案な性格傾向を有しており、友達は少ないか殆どなく、社会性が発達していません。……知的水準は正常範囲内でやや下位にあり、学校の授業についていけず学力に自信が持てない生徒が多くみられます。補習などすれば、成績も向上させうるだけの知的能力はあるのですが、本人にその意欲や積極性がなく、学校場面や交友関係から、ひたすら身を引く姿勢にあります」とされている。

境界知能例については、かれは、「境界知能ではあっても、行動的で積極性のある生徒は授業が面白くないと、怠学そして非行へ走る場合が多いのですが、積極性や社会性に乏しく、引っ込み思案な生徒は……不登校になることが多いようです。小学生時代から基礎的学力が殆ど身についておらず、中学校での授業を全く理解できず、学校場面で精神的に圧倒され、落ちこぼれるように登校しなくなっています」としている。これらの子どもの「家庭は同胞数が多かったり、同胞も不登校になっている場合が多くみられました。崩壊家庭や平均よりは貧しい家庭出身の生徒が多く、このような家庭事情の結果として親は子供への十分な養育ができておらず、その養育態度は放任的なものになっていました」としている。

さらに、かれは、「萎縮型不登校生徒の平均知能指数は九四でした。今日の学校教育のあり方は、このあたりの知的能力の生徒が有効に自己実現を果たすことを困難にする要因を内包していると考えざるをえません」として、これにたいする今日の学校の問題性を指摘している。この指摘は、境界知能例のそれにも該当するだろう。そして「引っ込み思案な性格傾向とやや低い知的能力の水準からみて、萎縮型不登校と境界知能例の不登校との間には移行型が多く、両者を明確に区別できない場合が多く見られました」とのべ、両者がドロップ・アウト型の不登校であること、そして境界知能例の不登校に崩壊家族、低所得家族の子どもが多いとしている。(8)

こうした分類にもとづくかれらの調査によると、過去一五年間に生じた登校拒否型は一二人(男六人・女六人)、学校恐怖型は八人(男七人・女一人)、萎縮型は八人(男七人・女一人)、そして境界知能例は一三人(男七人・女六人)であるという。いま前者の二群を神経症的登校拒否群と見なし、後者の二群を萎縮型登校拒否群と見なすならば、両者はほぼ同数となる。

これまで、学校恐怖型不登校は主として小学校に、登校拒否型不登校は主として中学校に、そして萎縮型不登校は主として高校において顕著であるとされてきたが、この報告は、これら三つの不登校の型が中学校に混在していることを示すものであるという点で注目に値する。また、この報告は、登校拒否のなかには、学校恐怖型の社会的未発達群とならんで、萎縮型のそれがあり、これらの社会的未発達はかならずしも同質の家族環境から生まれたものではないことを明らかにしている点でも注目に値する。さらに、境界知能例の不登校に、低所得家族、崩壊家族が多く見られるという指摘も重要である。

しかし、北村は、「不登校と怠学が一人の生徒に重複している例は少ないようです」といっているように、不登校と怠学、ないしは非行とのつながりを否定している。ところが、わたしの経験によると、近年、非行生徒のなかに、警察の統制や教師の体罰によって、反抗を根こぎされて、いっきょに不登校におちこむものが少なくない。このことは、「学校に行っている元気な不登校生徒」でもある非行生徒が、地下の「学校」から排除され、非行仲間から切りはなされたとたんに、かれら特有の「不登校」状態がいっきょに露呈し、神経症状をもつそれに転じていくことを示している。

3　登校拒否の状態像と「症状」形成

学校的まなざしに対する「すくみ反応」

すでにみたように、登校拒否は、登校しなければならない、ないしは登校したいとしながらも、登校できないという心理的機制から不登校状態におちいり、そこからさまざまな神経症状を呈するものであるが、これについて愛知県精神衛生センターの梅垣弘はつぎのような定義を提起している。それによると、登校拒否とは「心理的な理由から学校欠席をするもののうち、登校刺激に対して特異的なすくみ反応を呈するもの」[9]であるという。

ここでいわれている「すくみ反応」とはどのようなものか。かれの共同研究グループによると、少年期から思春期にかけて子どもが同輩をあらためて見直し、確かめなおすときに、いいかえれば、他者を「対象視」するとき、他者からも対象視されることになり、そのために他者のまなざしのなかですくんでしまうことがあるという。つまり、「他者への対象視は同時に自己を被対象存在と化し、他者よりの被圧倒存在に化してしまうこと」[10]、いいかえれば、他者のまなざしにたいしてまなざし返すことができないことが、すくみ反応なのである。

そうだとすると、梅垣のいう登校刺激にたいするすくみ反応とは、教師や学校仲間のまなざし、ひろくいうと学校的なまなざしのなかで被圧倒存在と化して、それを克服できない状態におちいることだといっていいだろう。登校拒否の子どもは、たとえば学校へ行かないで家にいても、学校が開かれている間は、いつも「学校」によってまなざされているために、被圧倒感にとらわれるのである。逆に、学校が開かれていない夏休みになると、かれは学校的なまなざしから解放されて、普通の生活をすることができるようになるのである。しかし、萎縮型不登校のばあいは、学校の時間に照応した症状変化、つまり日中変動は希薄だといわれている。

ところで、「被圧倒という対象関係は、自己との関係において、必然的に、自己不全感という体験になり得る」[10]ことがある。そのために、かれらはさまざまな症状化（心気症的症状やチックやヒステリーなどの「身体化」と、強迫症状や不安症状などの「精神化」）と同時に、行動化（陽性のそれとしての家庭内暴力行為、陰性のそれとしての無気力、ひきこもり行為）を示し、多彩な状態像を展開することになるという。

こうした梅垣の見解は、当然、学校ないしは学校仲間が登校拒否の症状形成に大きく関わっているという立場にたつものであるといっていいだろう。こうした立場を、いまかりに、登校拒否の原因を幼少時の母子関係に求める分離不安説にたいして、反分離不安説ということにする。

そこで、反分離不安説の立場から、登校拒否の症状形成を論じている高木隆郎（かれはみずから反分離不安説にたっているとしている）と渡辺位にそくして、それをみることにしよう。

高木隆郎の症状形成論

高木は、登校拒否は、学校場面での適応障害、とりわけそこでの対人関係の失敗がまずあり、これからの家庭への逃避として発生するとしている。その場合の、学校場面での適応障害には、「要するに先生や友人の前で、なにか失敗をしたり、笑われたり、恥をかいたりすることを恐れている点が、共通しているように思われる」としている。このために、頭・腹・足が痛いなどと訴えて、学校を休むという登校拒否の第一期ともいうべき心気症的時期がはじまる。

つぎに、こうした子どもにたいして、親が子どもを登校させようとなだめたり、すかしたりするようになると、子どもはそれに頑強に抵抗して、あらゆる手段で親と争うようになる。そしてついに、子どもはあたかも家庭を制圧したような形になって登校しなくなる。これがその第二期ともいうべき攻撃的時期である。

最後に、さらに家族が登校をあきらめ、圧力をかけなくなると、子どもは家庭のなかで仮性適応するか、親や家族との接触を避けて自己愛的な退避といっていい極度の防衛的態度をとるようになる第三期の自閉的時期が登場してくるという。

このように高木は、学校集団にたいする不適応障害が子どもに生じ、これに家庭へのひきこもりを許すような家族状況が加わるときに、登校拒否が生ずるのだという。そして、子どもが登校拒否におちいっても、かれのなかに登校しなければならない、登校したいという強迫的な気持ちがあるために、葛藤がはげしくなって、二次的なさまざまな神経症的症状が派生してくるのだという[11]。

ところで、高木はこれにかかわって興味ある見解をいくつか提起している。そのひとつは、第一期の心気症的反応は、登校を拒否する以前から早くも見られるということである。もしそうだとすると、今日の子どものなかにひろく見られる登校前の腹痛や頭痛は、これと関連するものとして検討されなければばならないだろう。もちろん、心気症的症状を示す子どものすべてが、登校拒否になるとはいえないが。

いまひとつは、子どもが学校適応障害におちいっても、家庭が子どもの逃避を許さないような場合、また子どもが非行仲間に所属するようなばあい、かれらは登校拒否にではなく、怠学ないしは非行に走るという見解である。つまり、かれはこの二つの条件が、学校適応障害が、登校拒否になるか、怠学・非行になるかを決める重要な要因だとしているのである。

第三は、登校拒否の中核型として、「対人的状況における強迫神経症とか対人恐怖につながる児童型の（強迫）神経症」を想定することができるとするとともに、その対極に、「『学校に行っている学校恐怖症』という象徴的な表現が当をえている学校緘黙」また「『学校にもいっていないし、家庭からも追い出されて』非行や怠学（truancy）」、さらには、「家出、自殺を試みる適応障害児」をあげることができるとしている点である。(12)

こうしたかれの考え方は、登校拒否という観点から、学校・家庭の両面における子どもの適応障害を統一的にとらえようとするものと評価することができる。つまり、その中心に、強迫神経症をともなう登校拒否型不登校、学校恐怖型不登校をすえ、一方の極に、「学校に行っているおとなしい不登校」としての学校緘黙、他方の極に、「学校にいっている元気な不登校」としての非行ないしは部分的不登校をおくものといえよう。

渡辺位の症状形成論

他方、渡辺は、登校拒否の発現のメカニズムを二段階に分けている。

第一は、学校状況への不安から、不登校状態を示してくる段階である。この段階では、子どもは学業のおくれ、学力低下のあせり、劣等感、罪障感、自嘲的・自責的評価から自己に精神的圧力を加える。さらに、これに追い討ちをかけるように、親や教師から登校を督促される。このために、葛藤状態と不安がいっそう強められ、その結果、反抗・攻撃・引退といった行動化や身体症状・神経症的症状が多彩に現れる第二の段階が生ずるというのである。

かれの登校拒否論の特徴は、子どもが学校に行けなくなるということ、「それは要ずるに、学校状況が不安であるためにその場面を回避することによるのです。子どもが学校状況に直面したとき、子ども自身の存在そのものが危機におちいると無意識的に感じたとき、その場を本能的に避けようとするためであると考えられます」という点にある。ここに見られるように、かれによれば、登校拒否は、子どもの学校状況にたいする無意識的な自己主張であり、教育の歪みにたいする子どもの訴えであると評価されている(13)。

4 登校拒否問題と学校教育

学校場面での対人関係の失敗

このように、高木と渡辺は、登校拒否は学校における適応障害ないしは学校にたいする不安から生ずるという点では一致しているが、両者の意見は微妙な点で異なっている。そこで、いま少したちいって、かれらの登校拒否論をみることにしよう。

高木は、その症状形成論にみられたように、第一期の心気症的時期は、学校場面における対人関係の失敗から生じており、その心気症的症状は学校場面への不適応にたいする防衛機制だとみなしている。

そのうえで、かれは、逃避を許すような家庭的条件を問題にしている。その家庭的要因として、かれは、子どもの自我の社会化のモデルとなれないような虚弱な父親と、一見男まさりとも思われるほどでありながら、実は情緒的混乱におちいりやすく、非受容的で、過度に依存的な母親からなる家族関係をあげている。そのために、しばしば高木の考え方は、最終的には家族病理として登校拒否をとらえるものとみなされることがある。

しかし、かれは、このような家庭的要因を問題にしつつも、さきにみたように、不安の根源はあくまでも学校社会、学校仲間からまったく離れてしまったところにあるとし、家族関係が学校仲間からの〈分離不安〉を拡大するものとして働いているだけだとしているのである。

ところで、かれが学校仲間からの〈分離不安〉を問題にする背後には、思春期にある子どもは、自我体系のなかに友人関係を統合して、自我を自立させなければならないという課題に直面しているという思春期論がかくされている。だから、かれは、この時期の子どもたちはどうしても仲間との交友を必要とし、要求しているのだと見るのである。かれらは仲間との〈分離不安〉をつよく感ずるのはこのためであるというのである。ここに、かれが登校拒否に関して「学校場面」を重視する理由があるのである。しかしながら、その学校仲間が「学校」というものとどのような関係を結ぶものなのかについては、高木はなにもいっていない。

これにたいして、渡辺は、さきの症状形成のメカニズムにおいて見たように、教師や親や、さらには子ども本人の、「学校」というものにたいするこだわりが、かれらを登校拒否に駆りたてているのだというのである。つまり、子どもが学校仲間ではなく、学校的な価値や秩序に強迫的にとらわれているからこそ、かえって学校に不安を感じ、登校を拒否するのだとする。しかも、登校を拒否するようになると、ますます周囲のおとなや友だちから登校を強制されるので、ますます学校に不安を感じるようになるのだというのである。

学校的価値への強迫的なとらわれ

しかし、かれは、こうした症状形成の裏で、学校に行けば行くほど、子どもは自分が危機にさらされることを感じとり、無意識に登校拒否によって自分を守ろうとしているのだともいう。このために、当然、学校原理にとらわれている自分と、それを回避して自己を守ろうとする自分との葛藤状況がはげしくなり、そのために多彩な行動化や症状化に色どられた第二段階に進むのだというのである。

だが、注意深くみると、渡辺においても、家庭的要因が登校拒否にまったく関係していないわけではない。というのは、登校拒否が渡辺のいう第二段階に進むのは、教師や学友、とりわけ、親や他の家族が学校にこだわり、子どもに登校刺激を加えるためだといっているからである。つまり、学校的価値観に従属している家庭が、子どもの葛藤を強めて、登校拒否的症状を強化していくのだとしているのである。

とはいえ、渡辺はあくまでも「不登校は学校を中心とした社会的・文化的背景と、学齢児童・生徒との相互関係のなかで生ずる現象とみることができ、したがって、たとえ臨床的にみて多様な症状を呈していたとしても特定の心因性疾患として位置づけることは、問題といわざるをえない。……その（不登校——引用者注）主舞台が学校であるかぎり、学校を中心とした社会における教育状況についての検討が必要であり、また学校教育の現状からみて、その主要因は学校状況にあることはいうまでもない。従来ややもするとその病理性を、子どもの性格や能力などの資質と、育児姿勢を含めた家族の心理力動におき、治療もまた、それらを対象として行われがちであったが、むしろ学校状況こそ改変の対象とすべきものである」(14)と分離不安説を正面から批判し、学校こそ登校拒否の主因であるとしている。

このように高木と渡辺はともに、登校拒否は学校における適応障害から発すると見る点では一致している。しかし、くわしく見ると、両者の間には、「学校」というもののとらえ方にはかなりの相違がある。それはたとえば、高木のいう「学校場面」は学校仲間（school community）であるのにたいして、渡辺のいう「学校状況」は能力主義につらぬかれている今日の学校原理であるという違いとして現れているが、これについてはおいおい検討していくことにして、そのまえに分離不安説にたいするかれらの批判を見ておこう。

分離不安説に対する批判

反分離不安説に立つ人々は、まず第一に、登校拒否の原因をもっぱら幼少時の親子関係とそこから生ずる本人の性格傾向に求める分離不安説の心理主義的な傾向にたいして批判的である。たとえば、小沢勲は、「登校拒否論で一般に問題になるのは、今ひとつに好ましくない傾向、心理主義です。つまり、問題をなにもかも、個人あるいは家族内の精神病理に帰する考え方です。そして、心理主義に常につきまとっているのは、個人あるいは家族に対する〈非難〉という影です」と批判している[15]。

もちろん、そうはいっても、かれらは、すでにみたように、登校拒否の背景に家族関係があることを頭から否定するものでないが、乳幼児期からの家族関係やそれから生ずるとされている本人の性格傾向のなかに登校拒否になる原因があるとは考えられないと主張しているのである。

たとえば、河合洋は「『登校拒否になりやすい性格特性、あるいは特異な家族病理的環境などを抽出することはほとんど不可能である。……豊かな感受性、ナイーブさ、しっかりした自我の発達などがみられる『登校拒否』児達も大勢いる。むしろ、〝登校拒否になりやすい性格特性〟とされてきたものは、一般的にいえば、現代の子ども達に多かれ少なかれ共有されているものである」[16]としている。

また、かれらは、過保護・過干渉といった親の養育態度も、登校拒否の発生に直接むすびつけることはできないという。登校拒否児の家族にしばしばみられる過保護・過干渉といった傾向は、もともとからあったものというよりは、子どもが登校拒否におちいったことの結果であることが多いとする。さらに、登校拒否の親子にみられる分離不安も、幼稚園や小学低学年の子どもに認められることはあるにしても、前思春期から思春期の子どもの登校拒否の原因と見なすことはできないと主張している。

たとえば、高木は、「一、むしろ高学年に多い。二、年齢が高くなるほど神経症症状（強迫症状、チック等）が激しい。三、学区内近隣への外出は拒むが遠方の親戚などへはひとりで出かける。四、入院させると容易に病舎内で適応し、症状は消失する事実、病舎から通学させることができた例がある。五、転校させると一時的にはよいがすぐまた登校拒否を来す。六、母につれそってもらっても登校できない。これは〈幼稚園恐怖〉とは大分事情がことなる等の理由をあげ、子どもが示すもろもろの〈症状〉は、むしろ不登校の結果家庭で作られるのであり、もし、かれらが〈分離不安〉をいだくとすれば、それは〈母親との分離不安〉ではなく、〈学校仲間（school community）との分離不安〉なのだ」[17]とのべて、分離不安説を批判している。

第二に、それは、登校拒否に関しては学校にはほとんど責任がないとする分離不安説は、学校を免罪する役割を果たしていると批判する。

この観点からさきの文部省資料をみると、それは一応は登校拒否の背景のひとつとして学校をあげてはいるけれども、学校にほとんどその原因を見出していない。たとえば「登校拒否の生徒の多くは、前述のような性格や行動傾向のために、対人関係において適切に対応することが苦手である。教師や友人のささいな言葉に神経をとがらせてすぐ不安になったり、教師の叱責に強い恐怖を覚えたりして、自分の思うままにならないと強い不満をもつが、それを相手に直接ぶつけることができず、心の中にためておく。……これらの対人関係における孤立的、回避的な行動は登校拒否の一つの要因と見ることができよう」[5]とのべている。ここにみられるように、それは、学校そのものに問題があるのではなく、幼少時の家族関係からつくられた本人の性格傾向に問題があるという立場をとっている。こうした立場にたつと、学校はせいぜい登校拒否の子どもの学校不適応にたいして十分な対応さえすればいいというだけとなり、学校を問いなおすということにならない。

5　登校拒否問題と家族関係

それでは、家族は登校拒否にたいしてどのような関係をもっているのだろうか。それをみるためには、どうしても分離不安説が家族というものをどうみているか知る必要があるだろう。

分離不安説

それは、アメリカにおいてはじめて学校恐怖症が問題となったときに、ジョンソンなどによって提起されたもので、その特徴は幼少時の母子関係にその原因を求めるところにある。

一般に、分離不安とは、乳幼児期に子どもが母親から分離—個体化していくとき、母親から引きはなされることに不安を感ずることを意味している。しかし、普通、子どもはそうした分離不安を経験しながらも、母子の共生的な依存関係をこえて、第一次的な自立を獲得するものとされている。その意味では、この時期に分離不安を感じるのは、けっして異常なことではなく、むしろ正常なことであるとされている。

ところが、母親が姑や夫などにたいする不満から補償的な過保護をつづけるようだと、子どもはこの時期に第一次的な分離—個体化をはたせず、両者の間に共生的な依存関係が固着することになる。両者にこうした関係がある場合、子どもが母親から引きはなされるような事態に直面すると、はげしい分離不安を感じて母親への依存欲求をたかめることになる。

そうしたとき、補償的な過保護におちいっている母親は、子どもの不安と一体化して、子どもの依存欲求に応えようとする。そして、それによってみずからの情緒的な不満をも解消しようとする。こうして母親は、子どもをさらに依存的にし、母親にたいする要求を拡大させるために、母子の間に相互依存性と不安がさらに固着していく。

しかし、それと同時に、母親の側に、過保護とは裏腹に、自分にしがみついてくる子どもにたいする不満、怒り、拒否感情が無意識的に高まってくる。でも、母親はそれを抑圧する。なぜならば、それを認めると、これまでの献身的な母親像がくずれるからである。でも、そうした不満、怒り、拒否感情は、周期的に爆発する。そのために、母親は子どもにたいする罪業感にとらわれ、ますます子どもにたいする過保護的、過許容的態度をつよめていく。

他方、子どもの側にも、自立をさまたげる母親にたいする敵意と破壊願望が無意識に生じる。ところが、子どもは母親の過保護と敵意、依存と拒否という二面性を敏感に感じとるために、母親に捨てられまいとして、自分の敵意を抑圧し、母親にたいして素直で、従順であろうとする。かれは、母親を落胆させるようなことをすると、懲罰的な仕打ちを母親から受けるのではないかという退行したレベルの恐怖の再活性化につねに見舞われるからである。

こうしたなかで、子どものなかに神経症的性格がつくられるという。そうした神経症的性格とは、たとえば自己中心的、非社会的、非協調的、過敏、傷つきやすさなど、また、心身の硬さ、緊張過度、几帳面、まじめ、素直、完全癖、潔癖など、また疑いぶかさ、不決断、小心、弱気、心配性、無口、引っ込み思案などである。

分離不安説の症状形成論

ところで、かれらは、こうした母親にたいする恐怖を学校の教師に投影するとき、教師がかれらにとって恐怖の対象になる。このために、かれらは教師による統制や叱責のなかに自分にたいする敵意を敏感に感じとると同時に、学校で失敗すると親や教師の愛情を失うことになるのではないかと恐れるようにもなる。つまり、文部省資料が指摘するように、かれらはその性格傾向から学校において「不安傾向が強い」「優柔不断である」「適応性に欠ける」「柔軟性に乏しい」「社会的、情緒的に未成熟である」「神経質な傾向が強い」傾向を示すのである。[5] このために、かれらはなにかをきっかけにして登校をきらうようになるのである。

そうしたとき、幼少時からの共生的な母子関係がさらに強化され、母親は子どもに登校を督促しながらも、実は子どもに登校させないようにはたらきかける。他方、子どもも、登校すると母親にどんなことがおこるかが不安になって、家を離れることができないことになる。そして、母子が相互に分離不安をはらんだ依存関係におちいり、学校を恐れ、登校することを恐れるようになるというのである。

以上にみてきたように、分離不安説は「精神力動的な立場から学校恐怖症の症状形成を取り上げ、親と子の間の、未解決な依存性を症状形成の基礎とし、子どもは学校への不安や恐怖から登校を拒否しているのではなく、母（または父）との分離に対する不安（separation anxiety）が学校場面にシンボリカルに置きかえられたものだ」[18] とするものである。ここに見られるように、それは、登校拒否の心理的機制を生みだす神経症的な性格傾向は、幼少時の母子関係によってつくられるという見解をとるから、登校拒否は分離不安という神経症の反面でしかないことになり、したがってこれについては学校は基本的には関係はないという立場をとる。

しかし、こうした考え方は、その後、幼少時の母子関係だけではなくて、父子関係、さらには家族関係を重視する考え方へと発展させられ、そのなかで、過保護・過干渉の母親と、存在感が薄く、弱い父親、さらにはこうした両親からなるファミリー・ダイナミックス（家庭内力動）が問題にされるようになった。

さらにまた、幼少時における親子関係のトラブルは、分離―個体化の第二段階ともいうべき前思春期に、とりわけ、心理的離乳をまえにした再接近期において再現されるという考え方も提起されている。それによると、子どもはそこでの分離不安を克服することによって、はじめて自立をテーマとする思春期に入っていくことができるという。ところが、それができないと、分離不安を中心とする神経症的状況に置かれ、そのなかで子どもは神経症的症状の一つとして登校拒否を示すことになるというのである。[19] こうした見解は、もはや思春期の学校仲間を重視する梅垣の共同研究グループや高木の考え方に近いとみることもできる。

登校拒否児の親子関係

ところで、こうした理論的研究とは別に、登校拒否児の治療実践のなかで、登校拒否の背景となるさまざまな家庭内人間関係が抽出されている。たとえば、二橋茂樹は治療対象となった登校拒否児の家族をつぎのように分類している。

① 拒否群（「夫婦関係が回復不可能なぐらいに疎遠であったり、冷えていて、子どもへの愛情面で

も同様である。母親は自己愛的で子どもに愛情を注がなかった。このような陰性の場合と、子どもが親の拒否的態度に反撃し、衝突がましい悪循環を繰返すという陽性の拒否とがある」)。

②　愛情抑制群（「母親自身が情緒を知的体制化で防衛して愛情を抑圧している。そのために子どもを思う気持はありながら、暖かい情緒的疎通性や愛情で包むことに欠けている。母親の性格は几帳面、神経質で完全癖傾向がある。子どもに期待をかけ理想像に枠づけるかたちでとりこみがある」)。

③　退嬰群（「親自身が幼児的一体感を家庭の中に求め、それに固着し、子どもの成長を望まず、登校拒否も余り問題視せず、むしろふびんさゆえにひきこもりを許すほどであった。このように家全体あるいは母子関係が共生関係にあり、相互依存しあってその均衡の保持を望み、それを破る症児の自立を阻止していた」)。

④　過保護群（「養育態度は保護と溺愛であり、親自身の子どもへの依存的感情もあって厳しい態度もとれず、子どものいいなりに振りまわされていた。退嬰群と異なる点は、家族成員に共生関係があっても弱く、子どもは退行と前進のアンビバレントな状態にあったことである[20]」)。

ここにみられる多様な家庭内人間関係は、さきにみたような登校拒否の多様化に対応するものである。とくに、①や③は崩壊家族・共働き家族・低所得家族に多くみられる家族関係を示していると同時に、①には母性剝奪による基本的信頼関係の未発達という問題さえかくされているように思われる。これから考えるとき、登校拒否論は過保護・過干渉にある親子関係だけではなく、①や③のような家族関係をもっと問題にしなければならない。というのは、今日の家族は、社会的に緊縛されたその家庭生活のために、急激に過保護・過干渉型の家族とは異なるものになりつつあるように思われるからである。

二橋によると、①と③に治療はほとんど成功しなかったということであるが、これはこの二群の家族関係の問題の深刻さを示すものである。その意味では、これらの家族関係の解明が必要となっていると同時に、それをたんに一家族の問題としてではなく、社会問題としてとらえかえしていく必要があるだろう。

また、家族関係から生ずる子どもの性格傾向を一概に否定することができないともいわなければならないだろう。というのは、家族関係のなかでつくられたある性格傾向が、あとでみるように、とりわけ、学校に敏感に反応して、学校に強迫的にこだわるようになるとも考えられるからである。しかし、だからといって、強迫的登校と登校拒否そのものをつくりあげている「学校」を免罪にすることはできないだろう。

6　強迫的登校と登校拒否

「登校しなければならない」と「登校したい」

それでは、反分離不安説はこうした性格傾向についてどのように考えているのであろうか。

これについての手がかりは、登校しなければならない、ないしは登校したいけれども、登校することができないという登校拒否の心理機制そのもののなかにある。ところが、「学校に行かねばならない、または行きたいと思いながらも、学校に行くことができないでいる」というときの、学校への強迫的なこだわりについてはあまり検討されていないように思われる。

この心理機制には、学校に行かねばならないという強迫的な義務履行と、学校に行けないという回避反応があるように思われる。こうした引き裂かれた構えは、分離不安説によると、幼少時の母子関係に発するというのだが、反分離不安説はこれは学校によってつくられたものだというのである。

ところで、この心理機制のなかで考えなければならない問題は、「学校に行かねばならない」ということと、「学校に行きたい」ということとは同じことなのかという点である。「学校に行かねばならない」ということと、「学校に行きたい」ということとは、日常語ではずいぶん違ったことを指しているはずであるが、このことは意外と論者によって注目されていないようである。たとえば山中康裕は「彼らは『学校へいかねばならぬ、行きたいのに行けない』という強迫的心性を持つことから、敢えていうならば『登校強迫』とした方がより真実に近い(21)」といっているように、両者は同じことと見なされている。

これはたしかに強迫的な傾向の二つの面であることは否定できないが、問題はそれだけではないようである。というのは、登校拒否論のなかには、「学校に行かねばならない」という面を主として問題にするものと、「学校に行きたい」という面を主として強調するものがあるように思われるからである。また、「学校に行かねばならない」ということにひきつけて考えるものと、「学校に行きたい」ということにひきつけて考えるものとがいるように思われるからである。

そこでまず、前者から考えていくことにしよう。

この点についてたとえば渡辺はどちらかというと、前者に属するようにわたしには思われる。というのは、かれは「要するに、登校拒否の中核は、子どもが義務感や社会通念に従って登校を志向し、学校にむしろ執着しているにもかかわらず、不登校状態におちいるところにあり……」としているからである。また、「毎日きちんと登校し、良い成績をとり、学校生活でも他から注意されることなく模範的に行動できなくてはならず、どんなことがあっても高校や大学は出なければならないという一種の完全主義的な心理姿勢は強迫的と言えるでしょう(13)」とのべているからでもある。かれは「学校へ行きたい」という子どもの思いにはほとんど触れていない。

こうした渡辺のとらえ方は、つぎのような小沢のとらえ方と共通したところがあるといえる。「学校恐怖症の裏返しとして、われわれの外来を訪れることはないにしても強迫的同調者の一群とでもよぶべきものが少なくないことを見逃してはならない。かれらにとっては規格化される不安よりは規格化からはずされる不安の方が大きい(22)」。これは、今日のほとんどの子どものなかに学校秩序に適応しなければならないという強迫的傾向ないしは学校適応過剰の傾向があることを指摘するものといえる。

しかし、ひとことに強迫的な登校傾向といっても、すべての不登校・登校拒否の子どもが渡辺のいうような「優等生」的、「エリート」的な傾向をもっているとはいえないだろう。とくに、萎縮群の子どもたちは、渡辺のいうような強迫的な登校傾向をもっているとはいえない。

こうした渡辺のとらえ方にたいして、河合は、パーソンズの強迫的履行・強迫的黙従・撤退・反抗という逸脱行為論[23]を援用して、子どもの学校にたいする強迫的なこだわり方に、強迫的履行型と強迫的黙従型とがあると指摘しているのは、きわめて面白い見解である。

強迫的履行型と強迫的黙従型

それによると、強迫的履行型の子どもとは、文字通りの優等生型である。「そこには、〝親や教師などの期待に背のびして適応させられている、仮面をかぶっている自分〟と、〝そのような自分に対する独特の嫌悪感をもち、自分の情緒、本音などに素直に従って行動できないでいる自分〟との間に一種の分裂がみられる。この分裂に気づくことなしに、まさに〝ニセの自分〟に強迫的にしがみつきながら、走りつづけると、『優等生』タイプ、『仕事中毒者』『慢性的自己愛的性格者』といった青年・成人になっていく」としている。

これにたいして強迫的黙従型の子どもとは、おとなしい子羊というイメージであって、「彼らは、自分達に与えられた現実を、いわば一つの『宿命』として、受動的に受け入れているようにみえる。その結果として、文字通りの意味で、〝内向的に〟さまざまな意味での自分に関する些細な事柄について、異常にこだわったり、必要以上の配慮をしてしまうことになる」としている。そして、これらの子どものなかには、自分の身体に過敏な関心を示し、心気症的な傾向をもつものが多いとしている[18]。

前者は多くのばあい、学力競争や忠誠競争において勝利してきた教育家族の優等生に典型的な形をとってあらわれてくる。かれらは総じて授業のなかに埋めこまれている競争に過剰に反応する傾向をもっている。かれらは勝者である間は、トラブルを示すことが少ない。しかし、思春期のある段階において、学校でのちょっとした挫折をきっかけに競争から脱落すると、とたんに急性の登校拒否や非行におちいることが多い。

これにたいして、後者のなかには、崩壊家族・貧困家族の子どもが少なくない。かれらはもともとから学校秩序になじめず、それからはずれる傾向をもっていた。このために、かれらは学校から統制されつづけ、学校秩序に形式的に過剰適応するようになったとみることができる。かれらは、授業がわからなくても、板書をきれいに、しかもノロノロとノートするような子どもである。

かれらのなかには、小学校時代の初期に、学校適応不足のために、教師や友だちにひどく非難された経験があるために、学校生活に形だけ合わせるようになったものもいる。その意味では、これは、社会的に未発達な子ども、とりわけ萎縮群の子どもにあたるのかもしれない。

しかし、両者は、学習している内容を味わい、それに感情的に反応することがきわめて少ないという点では共通している。また、両者は、学ぶことをつうじて、世界のなかに閉じこめられている自分を取り戻し、世界にたいして意識的に対応できるような自分をつくりだすということがない、という点でも共通したところがある。かれらにとっては、学ぶことは自由になることではなく、逆に所与の学校のなかにますます囚われる（imprisoned）ことである。

支配機構の一環としての学校

ところで、このように今日の子どものなかに強迫的登校の傾向がひろくみられるのは、今日の学校が支配機構としての性格をあらわにしてきているからである。M・アップルは、「制度としての学校は、諸制度の中でも実効的・支配的な文化を広める主要な代理人のひとつとなっているのみでなく、学校は人々に適当な意味や価値を植えつけることによって、現在の経済や文化の総体に対して、重要な点では別の可能性を何ら見いだせないようにしてしまっている」[24]とのべている。今日の学校は文化を支配的なイデオロギーとして編成し、それを教えることによって政治的・社会的な支配をすすめる機関となっているのである。

このために、子どもは学校をつらぬいているイデオロギー的、政治的支配にふかくとらわれて、無力感や不安にさらされるのである。しかも、かれらはそのためにますます「学校」的価値に過度の忠誠を示し、「学校」的秩序に過度に隷従するようになる。そのなかで、かれらは、まさに支配そのものである「学校」を内面化して、自分のなかに支配的な他者、ないしは支配的な超自我をつくりだしていくことになる。その結果、自我はその支配的な他者に呑みこまれて、自己自身をたえず抑圧し、学校適応過剰というニセの社会的自己を構えるようになり、これに強迫的にしがみつくようになる。このような強迫的登校というあり方は、子どもから自主性・創造性を奪い、かれを自己疎外におとしいれるものである。学校はこのようにして子どものなかに強迫的なパーソナリティ傾向をつくりだしているのである。

渡辺が学校を問題にするのは、まさにこうした視点からである。かれは、子どもの学校への強迫的なこだわりは、学校ないしは学校的価値にとらわれているおとなによってつくられたものであって、子どものもともとの性格から生じているのではないと考えている。学校が子どもを自己喪失状況に追いこむために、子どもは学校を回避して、登校拒否にはいるのだともいっている。

「子供は、画一的な行動と、一方的で狭隘化した知育中心の学習を強いられることとなり、本来の発達への要求と自己表現の自由を奪われて、自発性を失い、無力化し、ついには自己喪失の危機に立たされていくのである。……以上のような点から不登校という現象をみると、自己喪失の危機にさらされる学校状況から自己を防衛するための回避行動であるといえよう。そしてたとえそれが無意識的な発現であるとしても、早期に危機を察知できる直感力はむしろ高く評価すべきである」[14]。

こうした渡辺のとらえ方は、たしかに今日の学校の「支配的性格」をとらえ、子どものなかにひろがっている強迫的登校という問題をえぐりだしている。また、登校拒否は、強迫的登校の子どもが無意識的にではあれ、自己を奪還する試みであるという説明は、そのメカニズムの一面を明らかにしているといえる。

しかし、この説明は、強迫的登校傾向が今日の子どものほとんどに見られるのに、特定の子どもだけが登校拒否におちいるのはなぜなのかということをかならずしも明らかにしているとはいえない。かれによれば、特定の子どもがそうなるのは、早期に危機を察知する直感力から生ずる深層心理学的な自己防衛から生ずるというだけである。これでは、小沢が指摘しているように、社会問題としての登校拒否問題が、ふたたび個人心理に返され、個人の資質と拒否能力の問題に還元されてしまっている[15]といわざるをえない。この説明は、登校拒否の子どもを学校体制にたいする純粋な反逆者、ないしは反逆的エリートにしたてあげる危険性さえ含んでいるようにも思われる。

7　学校仲間と登校拒否

学校仲間の必要性

それでは、いまひとつの「学校に行きたい」という子どもの思いはどう考えたらいいのだろうか。それは、「学校に行かなければならない」ということの、別の表現ということですましていいのだろうか。たしかに「学校に行きたい」という思いにはそうした意味も含まれているだろうが、それに解消することのできない問題があるように思われる。その問題とは、子どもは「学校に行かねばならない」と思うと同時に、まさにそれとは反対に心から「学校に行きたい」と思っているのではないかということである。

すでにみたように、高木は、前思春期から思春期の登校拒否は、「子どもの自我体系のなかに、社会的友人関係が significant にとりいれられる時期[12]」に生ずるものであるという観点をもっていた。このことは、この時期の子どもにとっては、友だちがなければ、家庭や学校から心理的に離乳していくことができないことを意味している。だから、かれらは友だちを必要とし、要求するのである。

また、かれは、そうした時期に、子どもが学校の友人関係において不適応におちいったときに、家庭に逃避を許す条件がある場合は登校拒否におちいると述べていた。このことは、裏返せば、非行仲間であれなんであれ、友だち関係さえあれば、子どもは家庭に逃避して、登校を拒否することにはならないということをも意味している。

このような高木の思春期のとらえ方は、吉田脩二の登校拒否論にひきつがれている。かれによると思春期の特徴のひとつに、なじみのない言葉であるが、「求群感情」というものがあるという。吉田のいう求群感情とは、自我というものはつねに対象を求めるという対象関係論的なとらえ方を背後にもっているように思われる。かれによると、「今、鉄の玉を鎖につないでぐるぐる回したとき、玉は外への遠心力と、内への求心力を同時にもっていると同様に、他者に向かって遠心的に引かれているといっていいと思います。わたしのいう求群感情とは、ここでいう遠心力のことです」としている。乳幼児期における親との関係において全能感や自己愛がすこやかに育った子どもは、親との関係においてそれが十分に満たされなくなると、少年期には、同質・同等の仲間関係のなかで全能感を充たすようになる。この同質・同等の関係とは、みんなが同質のものであってこそ、同等と見なす少年期の集団をさしているとみていい。しかし、思春期になると、かれらは、人間は個別的には異質であるが、人間としては同等であるということを学び、仲間のなかで自己を個別化しておとなになっていくという。

「求群感情」

「求群感情は、群を求めながら、究極的には、同等ではあるが人は皆異質でありそれゆえにこそ自己が自己たりうることを知り、自己形成を推進するのです。この求群感情という自然な感情が、健やかに育まれることが、若者が一人の人間になるために、大変重要なことでありますが、それがうまく育たなかった場合、問題が生じます。」

ここからかれは、「学校へ行きたい」という子どもの思いは、求群感情から生ずるものであるとしている。ところが、その求群感情が、極度の集団規制と序列化を進める今日の学校によって挫折され、傷つけられるから、子どもはより学校（仲間）にとらわれるようになるのだというのである。「不登校の生徒は求群感情が挫折したといえるのです。だからこそ挫折した思いを未だ強く持ち、学校に執着するのです。たとえば親の愛を十分受けられなかった子が自立期に入ってよけいに親にすがりつくように、群れに入れなかった生徒は学校にとらわれるのです。傷ついた求群感情をいやすすべは他にないからこそ、いつまでも学校に行かねばと思うのです。」

そうだとすると、問題は、人間は異質であると同時に同等であるということを知ろうとする求群感情は、どのような場合において満たされるのか、またどのような場合に満たされないのか、ということになる。この点について、かれは、思春期になって次第に仲間が自我に目覚め、個別化しはじめるようになるとき、学校の序列化にとらわれて、ただ良い成績をとることだけを追求しているような生徒は、仲間からは高い評価を受けることができないという例をあげている。そして、このために、かれはさらに狭い勉強だけの世界に埋没せざるを得ない状況に追いこまれて、いびつな形で全能感を増長させる結果になるという(4)。

ここからもわかるように、吉田は前思春期から思春期にかけての子ども集団の変化に着目して、特定の子どもの求群感情の障害を説明しているが、これはきわめて面白い視点である。

同質・同等から異質・同等へ

前章でみたように、この時期、子どもたちは親密な友だち関係を核とするピアグループをつくり、それを介して教育家族と学校から自立しようとしはじめる。これらのグループはそれぞれに学校のイデオロギー的、政治的な支配に対抗して、自分たちのものの見方、感じ方、考え方、そして行動のし方をつくりだし、学校適応過剰から抜けだしていくのである。いいかえれば、かれらはそうすることでもって、学校的まなざしにまなざしかえそうとするのである。

このために、学校適応過剰の子どもがどんなに擬装しても、グループ単位で親密な交わりをはじめたこの時期の子どもたちに見破られ、どのグループからも排除されるか、否定的な評価を受けることになる。そのために学校仲間という重要な手がかりを失うことになり、学校からも友だち仲間からも逃避して、家庭に閉じこもることになる。

しかし、この時点では、子どもたちはまだかならずしも同質・同等という関係から抜け出して、異質・同等という関係をつくりだしているとはいえない。なぜならば、かれらは学校原理のもとでの同質性からグループとしては抜けだしただけであって、かならずしも個人としてそれから抜けだしたのではないという面をもつからである。その意味では、かれらは同質・同等の関係から異質・同等の関係への移行期にあるといったほうがいい。

さらにまた、かれらは学校原理から抜けだすときに、しばしば大衆文化ないしは青年文化を盾にとって、学校文化と争うことがある。このために、かれらは強迫的登校からは解放されたとしても、支配としての文化にたいする強迫的同調にとらわれる。このことは、かれらは学校文化のなかの同質・同等という関係から、大衆文化のなかでの同質・同等に移るだけということもある。そればかりか、今日の学校は一面では大衆文化を敵視しながらも、他面では学校文化と大衆文化とを統合して、その支配力を強化する。このために、学校は中流階層の文化でふくれあがり、それへの忠誠・同調競争を組織するものになる。このために、子どもたちの地下の「学校」はまたしても支配機構としての学校に包摂されることになる。その結果、同等・同質の関係から異質・同等の関係へと移行しようとする子どもたちの試みは断たれてしまうことにもなるのである。

学校文化への同調と登校拒否

このように見てくると、学校は子どものなかに学業や学歴へのこだわりをつくるだけではなく、学校生活全体への、さらには大衆文化や青年文化をも包摂した学校文化全体へのこだわりをつくるようになる。今日では、それは前思春期から思春期にかけての子どもにたいしてだけではなく、幼少年期の子どものなかにも、そうしたこだわりをつくっている。これが、さきに紹介した小沢のいう、今日の子どもにみられる強迫的同調傾向なのである。

だから、学校文化からも、また大衆文化や青年文化とも異質な考え方をもつ子どもも、この時期の子どもたちのグループや学校から排除され、不登校におちいることがある。そのなかに、政治活動家や住民運動家や宗教家の子どもが少なからずいる。かれらは親の考え方を自力で確かめなおして、それを身につけたかどうかという問題があるにせよ、異質な考え方にもとづいて、あぶなっかしい形で――この時期の子どもの自立の試みはすべてあぶなっかしいのだが――自立を追求しはじめたとき、学校集団全体からまなざされて、すくんでしまうことにもなるのである。もしかしたら、これが河合のいう自我のしっかりしている子どもの登校拒否なのかもしれない。

8　不登校・登校拒否と学校教育

このようにみてくると、不登校・登校拒否は学校における適応不足がきっかけとなって生ずるという反分離不安説のいう「学校」は二重構造をなしているといっていい。

学校と学校仲間

それは、まずは支配機構の一環としての学校としてある。それは、特定の価値や秩序、特定のイデオロギーや統制にたいする忠誠・同調競争を組織することをつうじて、子どもたちを選別・選抜するものとしてある。このために、それは子どもたちを否応なく学校適応過剰にし、強迫的登校者にしてしまうのである。

いまひとつの学校とは、高木が指摘するような学校仲間（school community）としてある。前思春期から思春期にかけての学校仲間は、学校と同化しているそれではなく、学校から自立しはじめたそれである。その意味では、それは支配機構としての学校とは対立している学校、つまり「地下」の学校である。

前思春期から思春期にかけての子どもにとっては、まさに学校はこのように二重構造になっているのである。いや、正しくは、こうした二重構造を内に含んで、さきに見たように、両者が錯綜しながら綱引きしている状況をつくりだしているのである。

こうした学校は、もはや渡辺がみるような単純な知育中心・画一的統制の学校ではない。それは、小沢が指摘するように[15]、まさに現代社会の政治的、経済的、文化的な状況そのものを体現している学校である。そして、これが登校拒否の子どものいう「学校に行かねばならない」というときの「学校」と、「学校に行きたい」というときの「学校」なのである。かれらは、まさにこの二つの「学校」に引き裂かれているために、登校することができなくなるのである。そうだとしたら、不登校・登校拒否の子どもを指導するばあい、この二つの「学校」を取り組みの視野にいれなければならないだろう。

対照的な二つの治療論

ところが、すでにみたように、渡辺と高木とでは、登校拒否における学校のとらえ方がちがっているために、治療における学校の位置づけもまた対照的となっている。

渡辺は、登校拒否の治療として、(1)「登校刺激を加えないこと」、(2)「学校へのこだわりを可及的速やかにとり除くこと」、(3)「登校拒否状態になったことをマイナスに評価しないこと」「むしろ望ましい行為」として評価し、「学校にこだわったり学歴に依存することなく、流動的・創造的な自己実現がなされるようにすること」だとしている。こうした渡辺の治療論は、まさしく学校原理へのこだわりから子どもを解放していく点に焦点を置くものである[13]。

これにたいして、高木は登校拒否の治療には特別な名案がないといいながらも、「矛盾するようですが、登校拒否の唯一の特効薬は『登校』することなのです。登校さえすれば、不登校のために派生する二次的な症状は一挙に氷解してしまいます」とし、登校すること、いいかえれば、学校仲間に参加することにその焦点を置いている。もちろん、かれもそれをいつするか、どのようにするかについては慎重でなければならないとし、登校圧力をかけるのは賢明ではないとしている。それと同時に、不登校の受け皿になっている家庭的条件を変えていくために、治療者は父親の役割を果たしていくべきだとしている。[11]

渡辺の治療論は極端ないい方をすれば、「学校に行かないで生きる」[25]ということになり、高木のそれは「登校こそが唯一の特効薬」ということになるが、このように両者の治療論はまったく正反対のものになっている。

だが、よくみると、渡辺のそれは、家族全体が学校にたいする強迫的なこだわりをのりこえることを主眼としており、そうした家族関係の組みかえをつうじて、登校拒否の子における自己の解体と再編を促そうとしているとみることができる。それがないと、子どもはその第二段階に急激におちこんでいくからであろう。

また、それはたしかに教師や学友の訪問や登校督促を否定はしているが、かならずしもそれを全面的に否定しているわけではない。「子どもが友人や教師の電話や来訪を避けなければ、登校を促す目的ではなく、友人も教師もそれぞれが個人の立場で子どものところに遊びに行くように協力することです。こうすることによって、仲間からはずれ、孤立している子どもの孤独の不安を軽減でき、学校への執着も減少させることができるのです[13]」。

教師は登校拒否にどう取りくむべきか

これは、家庭における子どもの自分くずしと自分つくりに、教師や学友が個人として参加することを勧めるものである。ここには、そうしたなかで生まれてくる新しい教育空間こそ、今日の学校にまさるものであり、それに代わるものだという見方がかくされているといっていい。

こうした点からみると、それは、治療者が父親の役割を果たして、家族関係を再構成するなかで、子どもの自分くずしと自分つくりを促していくべきだという高木の考えに近いということもできよう。また、教師がみずからを語るつもりで、かれを訪問するべきであるという吉田の考えと同じだといってもいい。

しかし、教師にとっても、また友だちにとっても、これがきわめて困難なのである。どんなに教師が一個の人間としてかれに接しようとしても、ひとつには、教師にこびりついている学校臭さが子どものなかの「学校」を強化する危険性がある。また、いまひとつには、たとえ教師がそのようものとしてかれを訪ねても、かれは自分のなかの「学校」を教師に投射して、教師を一個の人間としてみることができないだろうからである。ここに、前章の道子にとりくんだ斉藤大仙や友人たちの苦悩があったのである。それほどに、教師も友人も、そしてかれ自身も、「学校」というものにとりつかれているのである。

しかし、たがいにこれを超えていくことなしには、かれらは一個の人間同士として出会うことはなく、それがなければ新しい教育空間をつくりだすことができないのであるから、こうした試みはつづけられなければならないだろう。とりわけ、萎縮群や境界知能例の不登校がひろがっているとき、むしろ教師はもっと積極的に不登校・登校拒否に取り組むべきである。登校刺激を加えてはならないという登校拒否論を理由に、子どもへの取り組みはもう精神科医やカウンセラーの仕事であって、教師の仕事ではないと考えるようなものは、いつになっても新しい教育空間を発見することができないだろう。

それでは、渡辺のいう「学校に行かないで生きる」という主張はどう考えればいいか。この問題は、いいかえれば、渡辺が学校から自立しはじめたこの時期の子ども仲間をどう評価するのかという問題でもあるが、これについては渡辺はわたしの知るかぎり積極的な発言をしていない。それは、渡辺の学校にたいする絶望がそれほどに深いことを示すものであるが、同時にかれの学校のとらえ方の単純さから生じているともいえる。

学校を問いなおす

このことに関して、小沢がきわめて示唆に富む問題を提起している。

小沢は渡辺と同様に、「登校拒否児あるいはその家族のなかに厳然として、きわめて権威的に存在する〈学校ということ〉をつきくずしていく作業」として治療というものを考えてきたという。ところが、かれは、学業へのこだわりを捨てても、現代社会にふみこめないものや、長年にわたって自閉的な生活に終始するものもいるという。だから、かれは「渡辺氏のいわれるように、学校へのこだわりを捨てれば、そこに自己の真の価値が認められる世界が拓かれる、とは私にはとうてい思えません」とも、また「渡辺氏と私との違いは、学校へのこだわりを捨てたときに拓かれる世界に、私は氏ほどバラ色のイメージをもてないでいる、というところにもあるようです」ともいうのである。

こうした発言の裏には、近年の登校拒否の多様化とその変質、崩壊家族や低所得層に多いとされる萎縮群や境界知能例の不登校の増加、さらには不登校から非行や流民化や自己閉鎖におちいるものの存在が想定されている。だから、かれは、学業・学歴へのこだわりを捨てたとしても、すべてのものが人間として現代の市民社会のなかで位置を獲得することができるという保障がない、いや、現代の市民社会はむしろそうしたものを排除しているのではないかといっているのである。だから、かれは「現代社会に対する評価は渡辺氏より私の方が厳しいのかもしれません」とも、また「わたしは学校教育状況はそのまま市民社会状況であるとさえ考えているのです」ともいうのである。

ここから、かれは「まず、私は現教育状況の厳しさを十分認識しながらも、そのなかでもがき、苦しみながら絶望を切りさく闘いをつづけている子どもたちや教師に、まだまだこだわりつづけ、学びつづけたいと思っているのです。というのは、登校拒否児の出現によってそのクラスの集団が、あるいは学校全体がそのことをきっかけにして〈学校ということ〉を考えなおしてもらえるように、私は学校に問題を返そうとしてきました……」とのべている。かれは、こうした形で、巨大な支配機構となっている学校に対抗しつつ、自己の解体と再編にとりくんでいる子ども仲間や教師たちをも治療と教育の視野に入れようとしているのである。

こうした小沢の主張は、支配機構の一環である学校へのこだわりのために、子どもたち全体が不自由になっているのなら、学校を超えることなしには自由になれないはずである。そうであるなら、むしろそれに積極的に関わりながら自由になっていこうというものである。そして、学校のなかでそうすることができるということは、現代社会のなかでも、そうすることができるということではないかといっているようにも思われる。だからかれは「学校に、あるいは市民社会に否（ノン）をつきつけている彼らに、私達は私達自身の生きざまを点検されながら、それでもやはり彼らに自分達をぶつけていくことによって、つきあいつづけていくより他ないように私は思います」というのである。(15)

ここには、支配機構としての「学校」という現実にかかわりつつ、それを超えていくたたかいをつづける以外に、強迫的登校と登校拒否から子どもを解放するような「学校」ないしは「教育空間」の発見はないだろうし、魂のなかに根づいてしまった支配者から人間を解放するような社会の発見はないのではないかという思いが渦巻いている。まさに、強迫的登校と登校拒否にたいする取り組みは、われわれにそうした課題をつきつけているのである。

(1) 文部省初等中等教育局中学校課『児童生徒の問題行動の実態と文部省の施策について』一九八六年

(2) 東京都江戸川区教育研究所『登校拒否児の調査研究』一九八四年

(3) 古川八郎・菱山洋子「学校ぎらいの調査研究(1)——東京都における出現率の推移と社会的要因の考察」(『児童精神医学とその近接領域』第二一巻第五号　一九八〇年所収)

(4) 大阪府立高等学校養護教諭精神衛生学習会編・吉田脩二『若者の心の病』(同学習会　一九八六年)

(5) 文部省『生徒の健全育成をめぐる諸問題——登校拒否問題を中心に』(一九八三年)

(6) 小泉英二編『登校拒否』(学事出版　一九七三年)

(7) 北村英一・北村陽英他「公立中学校における過去一五年間の不登校の実態」(『児童青年精神医学とその近接領域』第二四巻第五号　一九八三年所収)

(8) 北村陽英「ある中学校の場合——不登校生徒の実態と症例」(『発達』第一七号　ミネルヴァ書房　一九八四年所収)

(9) 梅垣弘『登校拒否の子どもたち』(学事出版　一九八四年)

(10) 植元行男他「思春期のもつ精神病理学的意味——いわゆる正常な危機について」(『児童精神医学とその近接領域』第九巻第三号　一九六七年所収)。なお、この論文の観点からおこなわれた登校拒否研究として、植元行男他「ロールシャッハ・テストを通じての登校拒否の精神病理学的考察」(同第九巻第四号　一九六八年所収）がある。
(11) 高木隆郎『児童精神科のお話』（合同出版　一九八五年）
(12) 高木隆郎「学校恐怖症の典型像(1)」（『児童精神医学とその近接領域』第六巻第三号　一九六五年所収）
(13) 渡辺位『子どもたちは訴える』（勁草書房　一九八三年）
(14) 渡辺位「不登校」（清水将之編『青年期の精神科臨床』金剛出版　一九八一年所収）
(15) 小沢勲「〈学校ということ〉を考える」（『発達』第一七号　ミネルヴァ書房　一九八四年所収）
(16) 河合洋『学校に背をむける子ども』（日本放送出版協会　一九八六年）
(17) 高木隆郎「登校拒否の心理と病理」（内山喜久雄編『登校拒否』金剛出版　一九八三年所収）
(18) 佐藤修策『登校拒否児』（国土社　一九六八年）
(19) 斉藤万比古「『登校拒否』の原因と治療について」（日本教育学会『現代社会における発達と教育第二集』一九八四年所収）
(20) 二橋茂樹「登校拒否児の収容治療」（『児童精神医学とその近接領域』第一八巻第五号　一九七七年所収）
(21) 山中康裕「思春期内閉　Juvenile Seclusion」（中井久夫他編『思春期の精神病理と治療』岩崎学術出版社　一九七八年所収）。なお、本論稿は、佐治守夫他編『登校拒否』（『現代のエスプリ』第一三九号　一九七九年）に再録されている。
(22) 小沢勲「思春期神経症と家族」（『児童精神医学とその近接領域』第一〇巻第三号　一九六九年所収）
(23) パーソンズ『社会体系論』（青木書店　一九七四年）
(24) M・アップル『学校幻想とカリキュラム』（日本エディタースクール出版部　一九八六年）
(25) 渡辺位編著『登校拒否・学校に行かないで生きる』（太郎次郎社　一九八三年）

V 非行・不登校と思春期統合

1　対教師暴力をくり返した守

良い子の急性非行

不登校・登校拒否に優等生の息切れともいわれる思春期初発型があるように、非行にも良い子の急性非行とよばれるものがある。これらにおちいる子どもは、こうした行動にでるまでは外見上は家庭でも学校でも良い子である。かれらは主として中流階層以上の家庭の子どもであり、親や教師の期待や要求に過剰に適応して、学校適応過剰となった子どもである。しかし、前思春期から思春期のある時期に、かれらはちょっとした事件や挫折をきっかけにして突如として急性の行動のみだれをみせ、不登校や非行のなかにおちこんでいく。

〔事例1〕

守は、中流の家庭の次男として生まれ、小学校時代は学級委員をつとめるほどの、成績の良い、礼儀正しい子であった。かれの図画の作品はやさしさにみちたものであった。小学四年になったとき、母親は、かれのリトル・リーグ入会希望を許さず、有名進学塾に通わせた。守は後に「どうしてあんなに素直に親の言いつけを守ったのかわからない」というように、そのときは実に母親の期待に素直に従ったのである。

しかし、私学の受験に失敗して、地元の中学に進学したころから、守の様子は一変し、異装、授業破壊、カンパ、暴力をくりかえすようになった。そのために、当然、学校の指導をくりかえし受けることになった。かれはそのたびごとにまじめになると誓ったが、そのたびごとに裏切り、行動のみだれを拡大していった。そしてついに、地域の総番長になっていった。

その頃から、親や教師とのトラブルがはげしくなり、家庭内暴力・対教師暴力、家出、暴走族への参加、先輩からのリンチなど、かぞえあげるときりのないほどの問題をくりかえしていった。中学一年の冬から卒業までに、対教師暴力を数回にわたって起こし、ついに中二の冬に少年院に送られた。

中三の秋になって原校に復帰したが、非行傾向は改まらなかった。しかし、親や教師とのトラブルは少なくなり、暴力や不登校は消えていった。でも、それまでは勉強と進学にまだ未練があったが、もうそれらにはまったく関心を示さなくなった。それどころか、だれから説得されても、「サラリーマンになる気はないから、高校に行かない」と言いつづけ、ついに中卒で就職し、夢であった暴走族のリーダーになった。

その後、転職を重ねながらバイクを走らせていたが、かれらの暴走族は底辺の仕事についている青年の「組合」のようなものであった。一八歳になったかれはいま、底辺労働者として生きる力を身につけつつある。しかし、近い将来、職業資格を取りたいかれは、高校卒業資格がないことでもう一度トラブルを起こすかもしれないと予測されている。

ところで、このようにみてくると、守は一直線に非行へと落ち込んでいったようであるが、そうではない。かれは何度もまじめになろうとしたのである。しかし、そうしようとすると、かならずこれまでよりもはげしい行動のみだれへと突っ込んでいった。かれのばあいも、そのまじめさが問題であった。

たとえば、はじめて家裁の審判をうけたおりも、裁判官が「時間通り登校すること」以下一〇項目におよぶ約束を守るかと問うと、すかさず真剣にそうすると答えた。付き添いの教師のほうがかえって無理だといい、「いますぐできるものと、がんばればできるものと、そして当分できそうもないことに分けて答えた方がいい。そうしないとまた二の舞になる」と説得したが、かれはがんとして守ると言いぬいた。しかし、家裁の帰路、先輩に喫煙を強要され、それを校長にみられて「そんなことをしていると、少年院行きだ」といわれた途端に、バイクにのって校庭・校舎を荒らしまわった。

こうしたかれの行動のし方は、登校前のかれのなかにもよく現れている。かれはどんなに荒れているときでも、シャワーを数十分浴び、服装に細心の注意をはらわないと登校できなかった。また、かれはまじめになろうとすると、かならず学校で更衣することができなくなっていった。排便もできなくなっていった。「便所に入るとだれかが尻をつつく」といったものである。かれはまじめになるためには、仮面をかぶらなければならなかったのである。だから、学校では裸になることができなかったのである。体育や部活動の時間になると、また排便がしたくなると、帰宅して更衣した。こうした傾向はやがてツッパっているときにも出るようになった。

もしかすると、かれはツッパリという仮の自分をおしたてることによって、学校適応過剰な自分をくずそうとしたのかもしれない。(1) そして、こうした身構えがほんの少しでも破綻したとき、かれはパニックにおちいり、暴力に及んだのである。

2　戦車そのものであった明男

不登校が慢性化した子ども

こうした学校適応過剰の子どもたちにたいして、家庭崩壊や貧困にまきこまれてきた子どもたちのなかに、小学校時代から慢性の行動のみだれをみせ、学校適応不足となるものがいる。そのために、かれらは早くから学校の管理と統制にさらされつづけ、学校適応不足をかかえながらも学校適応過剰となっていく。しかし、前思春期から思春期にかけて、先の子どもたちとおなじく、本格的な行動のみだれへとおちこんでいくものがいる。思春期再発型の不登校の子ども、慢性の非行の急性化ともいえる子どもがそれである。

〔事例2〕

明男は小学一年のときに、母親が父親と離婚した。父親が喘息のために会社を休みがちで、神経質なために家族に暴力を繰り返しふるったからである。その直後、母親が入院をよぎなくされたために、明男は施設に一時入所することになったが、ほどへて母親と兄弟二人がいっしょに暮らすことできるようになった。しかし、明男は母親にもなつかない子どもとなっていた。

こうした生育歴のせいか、かれは学校ですこしも自分をだせない子どもであった。学校の秩序にみかけは従っているが、しかし学校の活動にはほとんど主体的にかかわろうとはしない、いわゆる仮性適応の子どもであった。また、仲間とのけんかに巻き込まれても、どのようにしたらいいのかまるっきりわからない。「小さい頃からどんなにケンカをふっかけられても、相手にならずじっと我慢することで相手の気をそらし身をまもってきた」「かわったやつだということにしとけば安全だ」とのべているように、友だちと自然にまじわることができなかった。

そうした明男は、毎朝、母といっしょに家を出るのだが、小学三年から登校せずに、地域をうろつくだけといった状態になった。そのために、何度も転校したが、不登校はおさまらず、小学六年からそれが本格化した。そのために、六年の三学期に養護学校の寄宿舎に転校・入舎することになった。

しかし、かれはまわりの子どもと話すこともなく、ベッドにとじこもることが多かった。暑いのに夏でもカーテンを閉じたまま寝る。そればかりか、便秘がひどく、しかも大小便をもらす。寮での行事に参加することをこばみつづけ、戦車のプラモデルばかりつくっていた。行事不参加は、かれの部分的な登校拒否でもあった。まさにかれは外部にたいして全面的に自己を閉ざしている戦車そのものであったのである。

ところが、中学一年の二学期に、寮母が浴槽に浮いていたかれの大便をそっと始末してくれたときから、次第に女性職員に甘えを見せるようになった。でも、かれの行動はなお閉鎖的であった。教師がキャッチボールをしようと誘いだしても、かれは時間をきめ、その時間になるとボールがころがっていっても、さっさと部屋に帰ってしまう。また、ソフトボールへの参加を拒み、仲間の説得で参加させても、ボールをとろうともせず、しらけきっている。「一生懸命やっても僕は下手なので、僕のプレーでチームに迷惑をかける。だから、やる気を出さない方が（最初からみんなも僕を）あてにしない」と反論する。

しかし、中二になると、かれは友だちと思いがけずはげしいけんかをして、自分でも驚くことがあった。この頃から友だちとふざけたりすることができるようになり、Sという男子となかよくなっていった。そして中二の終わりごろに、Pという女子が好きになっていった。しかし、それに気づいたときも、パニックにおちいった。

そんなとき、かれは、「今迄周りの友達に対してしっかり評価していたのに、この頃は感情が入り何にも分からない。自分のことも分からない。自分が何をするのかも分からない。自分が何をするのか予想もつかなくなった」「今までは自分の中に女の人は存在しない。皆『彼』であった。Pが初めて『彼女』として入ってきた。『彼』に置きかえようとしてもできない。雲を見ても授業を聞いていても……この二、三日はPが浮かんだ。……感情がおしつぶされそうだった」とのべている。

しかし、こうした対人関係の変化のなかで、次第にかれはすべての問題を戦車や戦闘にふりかえて論ずるとともに、自己を語るようになっていった。たとえば、さきのPとのトラブルのときも、「M41というのは大量生産されたアメリカの戦車でどこにでも沢山あり、精神的にもあまりひかれないものだ。M5、M6は量産されない戦車。感情をこめる相手。PはM41である。M5、M6に少しとどかない」といって、危機をのりこえた。当初は、「自分にとっては戦車は人である」といって、戦車のプラモデルばかりつくっていたのに、次第に戦闘する人形をつくるようになっていった。

この頃から、かれは行事に参加しはじめるようになり、母親との関係もよくなりだした。しかし、卒業式の当日、「最後だから好きなようにさせろ」と反抗し、みんなが正門から帰っていったのに、かれだけが裏門から出ていった。高校に進学したかれは小さなトラブルはみせながらも、母親と寮母たちに助けられて、そこを卒業し、社会的に自立した生活を送ることができるようになった(2)。

3　学校適応過剰の子どもたち

親の期待に素直に従う子どもたち

思春期初発型の不登校または急性の非行の子どもは、みてきたように、総じて素直で、まじめな「良い子」である。学校の成績も多くのばあいすぐれており、子どものなかでもリーダー的な存在であることが多い。こうした傾向は、親や教師にとって好ましい特性であるかもしれないが、まさにそこにかれらの潜在的な問題がかくれているのである。かれらのこうした特性は、親や教師、家庭や学校が意識的、無意識的につくってきたものである。今日の家庭は学校をつうじて能力主義教育の傘のなかに吊りあげられているために、大なり小なり教育家族という性格をもっている。このために、親は意識的、無意識的に子どもを小さいときから学校的な価値基準によって教育する傾向をもつ。その意味では、どんな母親も教育ママであるといっていい。親たちはそうなることに反発しながらも、そうならざるをえない状況におかれているのである。

守の母親も、かれを小学校から進学塾に入れたが、けっして特別な教育ママとはいえない。むしろ、彼女は選別・選抜の学校体制にたいして批判的で、守の自由をかなりの程度認めていたといっていい。進学塾も、彼女がそこにいっている友だちのことを話したら、守が行くといいだしたのである。

このように教育家族の親は、子どもの自発性や自主性を尊重しつつ、それとなく能力主義に子どもを誘導していくのである。子どもの自発性や自主性を尊重するふりをしながら、実はそれを抑圧しているのである。教育家族の子どもは、そうした親の抑圧的な態度を無意識的に感じているから、早くから親の期待や思惑に素直に従おうとするのである。その意味では、かれらは親から愛されていながらも、親に依存できない子どもたちでもある。かれらは、親の、酷薄さを裏にひめた、期待にみちたまなざしに敏感に反応して、親がなにかをいうまえにそうするのである。そうした身構えがかれらの対人関係のし方となるのである。このために、かれらは守とおなじく素直でまじめとなるのである。

このことは、小学校以来、優等生で、スポーツマンで、かつ生徒会の役員であった哲也にもあてはまる。教育界・司法界の要職にあった祖父たちの薫陶をうけ、「警官と教師とは絶対だ」という父のもとで育ったかれは、すくなくとも中学三年になるまでは、家族の期待と思惑どおりに育った子どもであった。しかし、かれは、管理主義的な教師が学級担任になった中三から授業中に漏尿をはじめ、不登校となったのである。(3)

教師の要求に過敏に反応する子どもたち

ところで、こうした子どもたちが学校に行くようになると、親と取りむすんできたこのような対人関係のし方を学校のなかにもちこみ、教師と同じ関係を結ぶようになる。

いや、教師がこうした子どものそうした対人関係のし方を強化していくのである。今日の学校は一方的に画一的な学力基準や人格基準を子どもにおしつけ、かれらを学力競争、忠誠競争に駆りたてながら、かれらを選別・選抜していくものとなっている。[4] このために、教師は子どもの自然なものの見方・考え方・感じ方・行動のし方を無視し、根こぎする傾向を強くもつのである。

こうしたなかで、子どもはまったく自分が無視され、ふりおとされるのではないかという不安と不確実感、無力感と傷つきやすさをもつようになるのである。親との関係においてそうした不安や無力感をもたされてきた子どもほど、教師との関係においてもそれを強く感じ、教師の要請に敏感に応えようとする。かれらは教師の指示や命令にすかさず応答するようになり、学力・忠誠競争にのりだしていく。そして、かれらは勝者としてそれをゲームのように楽しみはじめるのである。うちに不安をかかえながらではあるが。

しかし、そのゲームはいつかは楽しいものではなくなる。なぜなら、今日の学校は子どもを学力競争と忠誠競争に駆りたてながら、子どもを選別・選抜していくものとなっているために、子どもはいずれは学校適応不足へとつきおとされていくからである。そうしたとき、学校適応過剰な子どもほどそれを過大に受けとることになる。それと同時に、それをきっかけにしてかれらのもともとの不安や無力感が噴きだしてくるのである。

その例が守である。私学受験の失敗はかれにとっては単なる失敗ではなかった。それはもとからあった不安と無力感のなかにかれを叩きこむものであった。また、守がまじめになると誓ったあとに、かならずよりいっそうはげしい行動のみだれをみせたのは、学校適応過剰の自分に戻ろうとすると、さらに自分の学校適応不足がみえてくるからであったといっていい。だから、かれはまじめになると誓うと、しばしばひどく落ち込み、不登校の状態におちいったのである。

哲也が教室をボックスのように感じ、神経性漏尿になったのは、かれが管理主義的な担任に素直に服従しなければならないと思い込んでいたからであると同時に、もうこれ以上自分を押さえつけることができなくなっていたからである。

4　学校適応不足の子どもたち

親子関係のもつれを学校にもちこむ子どもたち

他方、幼・少年期から、家庭崩壊や貧困のために、行動のみだれをみせる子どものばあい、その親子関係は実に多様であるが、共通していえることは、親とのあいだにおいて充実した依存・甘えの経験がないということである。かれらも、親の共感的な支持のもとで、自分のなまの欲求や感情を表出した経験をもっていない。かれらのなかには、明男にみられるように、親から虐待されてきたものも少なくない。また、親から実際に捨てられたり、精神的に拒否されてきた子どももいる。また、親や家族の不安と緊張のなかで、はりつめたような気配りをしてきた子どもも少なくない。

いずれのばあいであれ、かれらは人生のかなり早い時期に、自分の欲求や感情、自発性や自主性を親によって拒否されたり、ねじふせられたり、またみずからそれを摘みとったりした経験をもっている。このために、早くからストレス、欲求不満、心理的葛藤から身体的な異常や行動のみだれをみせたり、精神的なみだれをみせることがある。いや、それがかれらの生き方となったのである。

ところで、これらの子どもも学校に行くようになると、親と取りむすんできた対人関係のし方を学校にもちこんでいくことになる。たとえば、離婚後、そのときどきの気分で子どもを虐待するようになった母親をもつ省吾（第II章参照）は、朝礼のときに自分に注意した校長をにらみかえしたり、自分をかまう友だちに「ぼくを悪い了っていった」といって酔っぱらいのようにあたりちらし、ドッジボールであてられると、相手に嚙みつくといった荒れ方をする。(5)

また、離婚と仕事のためにかまってくれなくなった親への甘えを、そのまま教師に示し、かまってもらえないと、フニャフニャ人間になって、床をはいずりまわるという行動のし方を小学校から中学校にまでもちこんでくる子どももいる。

そのために、かれらは早くから学校適応不足という傾向をしめすことになり、学校からきびしい統制を受けることになる。その結果、かれらは学校適応不足でありながら、学校適応過剰にさせられていく。しかし、かれらはさきの子どもたちのように、良い子になれるわけではないから、かれらとは別の擬装をすることになる。

その擬装のし方には消極的なものから積極的なものまである。

学校での擬装　消極的なものは、寸分のくるいのないように強迫的に学校の秩序や教師の要請に自分を合わせはするが、それにもかかわらずその関係が皮相な子どもたちである。つまり、おとなしいだけが取柄という子どもたちである。その典型は、「学校に行っているおとなしい登校拒否児」である学校緘黙症の子どもである。

かれらはたとえば時間割りにこだわり、わすれものにこだわって、明日の支度に一時間以上もかける子であったり、何時間も勉強はするが、実は少しもわかっていない子であったり、なにもかもが決められていないと、なにもすることができない子であったりする。

これにたいして積極的なものは多様な形をとる。中流階層の文化の支配する学校仲間のなかで、一定の位置を占めようとした綾子は、家庭崩壊をひたかくし、家庭を嘘でかざりたてることになった[6]。また、「ひょうきん族」を装うことによって、学校のなかで一定の位置を占めようとする子どもも少なくない。しかし、どのような方法をとろうと、かれらの擬装は学校適応不足からくる不安をさけるための強迫的な過剰防衛であり、それでもって学校に過剰適応しようとするものであるといっていい。その点では、かれらは、さきのできる子どもたちとよく似ている。

できる子どもたちは学校のまなざしに強い不安をもっていたからこそ、優等生や良い子という擬装を積極的にとったのである。その意味では、かれらは本質的には望んではいない勉強を強迫的にくりかえす「強迫的履行」者である(7)。

これにたいして、早くからトラブルをくりかえし見せてきた子どももまた、学校のまなざしにとらえられつづけるなかで、学校適応過剰となっていく。そのうちのあるものは、学校に受動的に服従して、おとなしいだけの子どもとなる。その意味では、かれらは「強迫的黙従」者である(7)。他のものは学校仲間のまなざしに過剰に自己防衛するために、学校仲間に過剰適応するようになる。かれらは別の意味においてであるが、優等生とおなじく「強迫的履行」者なのである。

このようにみてくると、学校適応過剰の子どもも、学校適応不足の子どもも、本質的には学校適応過剰であると同時に、学校適応不足なのである。画一的な学力基準・人格基準にもとづいて、学力・忠誠競争を強いる今日の学校において、また文化支配への同調競争の渦巻く今日の学校教育においては、子どもたちは大なり小なりこうした強迫的傾向をもたされるのである。そして、それがやがて行動のみだれをうみだしていくことになるのである。

5 自分くずしとしての不登校・非行

支配的な他者

ところで、人間は一般に外的な対象としての他人や集団を内面にとりこみ、それをまた投射していくことによって、他人や集団と関係していく。つまり、人間は、外的な対象関係にもとづきつつも、それとは異なる内的な対象関係を発展させ、それを介して外的な対象とかかわるようになる。

こうした視点から学校適応過剰・学校適応不足の子どもをみると、そのレベルや質に相違があるにしても、かれらは総じて親や教師、家庭や学校を支配的な他者として自己のなかにとりこんでいるといっていい。このために、かれらは現実の親子関係、現実の教師との関係がどのようなものとなろうと、支配—被支配の他者・自我関係をそのうちにもつようになる。このために、かれらの自我はこの支配的な他者に呑みこまれて、すすんで自己を抑圧し、他者の要請に合わせたニセの社会的自己をつくっていくようになる。

ここにかれらを強迫的にする原因がある。かれらの自我はこの他者の過酷な視線、または過酷さを内にふくんでいる、期待にみちた視線にさらされつづけ、それに呑みこまれるために、はげしい不安と無力感にとらわれる。そして、この不安と無力感から自己を防衛するために、強迫的な防衛に出るのである。「強迫的な防衛とは人間に本質的な無力さ、頼りなさに対処するために、自分自身の肉体へのコントロールそして自分の周りの物理的世界へのコントロールに頼ろうとする……一つの試みである」(8)。かれらは、自分と世界とをコントロールするために、自分自身とは本質的には無関係な、馬鹿げた、非合理的な欲動、行動、思考にとらわれ、こだわるようになるのである。

かれらは、その無力さや自信のなさに対処するために、まずは与えられた規則や道徳に権威主義的にしたがうというやり方をとる。それがかれらの心身の固さ、まじめさ、几帳面さ、おとなしさ、完全主義、潔癖主義をつくりだしていくのである。また、かれらは外界や将来におこりうるすべてを予知し、それらに知的に構えることでもって、不安や不確実感に備えようとする。かれらの勉強のし方や、友だち付き合いのし方にこうした傾向がしばしば見られる。また、かれらは友だちと自然な感情交流ができないで、いつも「人生を、力と力の絡み合いと見る」傾向をつよくもつために、傲慢であったり、閉鎖的であったりする。(9)

自分くずしへ

今日の少年期の子どもが規律ただしく、おとなしいのは、今日の学校体制が、少年期の子どもたちを強迫的な防衛のなかに追いこんで、かれらの自発性をひきだしていないからである。しかし、潜伏期である少年期がおわりはじめ、前思春期がはじまる小学高学年になると、子どもたちのなかから行動のみだれがはっきりと出てくる。

そうなるのはまず第一に、学力・忠誠競争の第一ラウンドがこの時期にほぼ終了し、選別・選抜が決定的となるからである。そうなってくると、学校適応過剰の子どもたちの大半は、否応なく学校適応不足となっていく。ところが、親や教師は、そうなっていく子どもたちにたいしてよりいっそうがんばることを強制し、幻想の受験戦争にさらに参加することを強要する。このために、かれらは、まなざされると石になるというギリシャ神話のメドゥサのような内なる他者のまなざしにさらにさらされ、学校適応不足の自分を呪い、責めぬかねばならないことになる。

第二には、思春期の到来のなかで、かれらは抑圧されつづけてきた自己が、内なる他者の目をかいくぐってもれだしてくるからである。それも家庭や学校の秩序に反するものとして噴き出してくるからである。そのたびごとに、かれらは学校適応不足だと非難され、またみずから非難するなかで、ますます自分と外界を強迫的にコントロールするようになっていく。

不登校一年の後に登校しはじめ、その一年半後にまた不登校となった道子（第Ⅲ章参照）のつぎのような通信ノートは、かれらの内的葛藤をよく示している。

「私は不器用だから、一つのことを重大に考えて、なんだか、どうしたらいいか、自分で見分けがつかない。このまま一日出られるようにならないいままだと、みんなとの仲に溝ができるのではないだろうか。かと言って、自分のペースを早くして続けられるだろうか。そんな二つのことが、私の頭の中をうず巻いて、いっぱいに、だんだんと不安という文字になってくる。本当に、どうしたら自分自身に一番適切なのかわからない。みんなの中には、わたしのことをあまり良くなく思っている人が多いのではないだろうか。（これは落ち着いてみないからだろうか。）

けれど、私は私で、ゆっくりでもいいから、本当にがんばっているつもりだ。そのがんばりを、みんなに理解してもらえるために、やらなくては、やらなくては、とわかっているのだが、実行にうつすには、一三歳の小さな私にとって、やっぱり苦しいな、なんて思ったりして……。」(10)

しかし、かれらの学校適応不足はくつがえしようもないものとなり、内からの衝動がかれらのコントロールをこえてあふれでてくる。そのなかで、どうしようもない不安や無力感、恥や失敗のなかに叩きこまれていく。そうしたとき、かれらはその責任をあげて他人に転嫁し、自分を正当化しようとする。しかし、それも駄目なとき、めまい、失神、動揺感、閉じこもり、逸脱行動、さらには自殺におちいることになる。そのなかで、かれらは自己の解体に直面していくのである。

そうしたかれらの行動は、当然、親や教師、家庭や学校とのトラブルとなっていく。そうしたとき、ある一線をこえていくものがでてくる。それはある子どものばあいは、登校拒否宣言となり、他の子どものばあいツッパリ宣言となる。閉じこもり、または反抗によって、かれらは、親や教師、家庭や学校ととりむすんできたこれまでの関係をこわしつつ、支配的な他者に呑みこまれてきた学校適応過剰の自分をくずしていくのである。そうすることにはげしい罪責感を感じながらもである。

6　不登校・非行のなかでの思春期統合

不登校の子どもにおける思春期統合

不登校の子どもたちは、学校的なまなざしを避けるために家庭に閉じこもり、家族がそれを許さないで登校刺激をくわえてくると、攻撃的となり、家族からもひきこもりはじめる。そこには、学校にたいする拒否だけではなく、登校刺激をくわえてくる家族にたいする拒否さえある。しかし、そうした拒否は思春期統合をはじめた自分をありのままに受け入れてほしいというかれらのはじめてのなまの欲求である。不登校のなかで、かれらははじめて自分をつきだしはじめたのである。

かれらはたしかに現実の親にたいして反抗しているのであるが、それと同時に内なる支配的な他者にたいしても反抗しているのである。かれらがちょっとした親の身振りや顔つきにたいして反抗するのは、内なる他者を親のなかに投射するからでもある。かれらの反抗は、内面における他者と自我との争い、また、他者のなかに呑みこまれてきた自分と、それから離脱しようとする自分との争いを象徴してもいるのである。

それればかりか、かれらは親とのこれまでの関係、内なる他者とのこれまでの関係をくずしていくために、しばしば退行に退行をかさねていくこともある。なかにはひどい幼児がえりを示すものもいる。それも、退行をつうじて、幼児期につくられた抑圧的な内的対象関係をくずし、ありのままの自分を受け入れてくれるような内的対象関係をつくりだそうとする無意識的な試みである。

そうするなかで、かれらはありのままの自分を共感的に支持してくれる他者と出会うことのなかで、はじめておずおずとありのままの自分を差し出すことができるようになっていく。もちろん、事例2の明男のように、孤立のなかで生きてきた子どもには、そうした他者の登場それ自体がパニックをよぶこともあるが、しかしそれにもかかわらず、明男は寮母や同性・異性の友だちの共感的なはげましのなかで、信頼に値する他者を発見していき、母親と新しい関係をつくることができるようになった。

こうした対人関係の組みかえのなかで、かれらは他者との信頼関係を回復し、その他者に支えられて、自己を主張・表現することができるようになっていく。それとともに、これまでかれらを囲いこんできた学校と訣別していくことができ、自分にとって必要な学校を発見していく。

かれらのなかには、明男の最後の意識的な行事不参加にみられるように、これまでの無意識的な不登校とはちがって、意識的な学校拒否にでるものがいる。それは強迫的な磁場である学校というものにたいしてはじめて自由に対応できるようになったかれらの自立した姿を示すもののように思われる。学校に行く・行かないという問題を、自分の自主的な判断の問題とすることができるようになったのである。

非行の子どもにおける思春期統合

他方、非行に走る子どもは、青年文化や「非行」文化によって武装し、ツッパリ仲間を支えにして、学校的なまなざしと対決していく。しかし、親も教師もかれらに追いうちをかけるために、かれらはますます結束を強めて、家庭や学校を拒否していく。かれらは行動こそ異なるが、不登校の子どもたちと同じく、学校や家庭を拒否し、それらから離脱しようとしているのである。

たしかにかれらは学校には行くが、しかしかれらの行く学校はもうもとの学校ではない。それは、かれらが学校の地下につくりあげたかれらのプレイラウンド（遊び場）である。かれらは学校に行ってはいるが、心理的には欠席しているのであるから、「学校に行っている元気な登校拒否児」ともいえる。その意味では、非行と不登校とはまったく別種のものではない。

それはともかくとして、かれらは仲間とともに学校を拒否することをつうじて学校適応過剰・学校適応不足の自分をくずしにかかると同時に、その仲間のなかで新しい自分をつくろうとしているのである。ツッパリ仲間には、たしかにしごき、ヤキ、パシリ（使い走り）といった差別的な支配があるが、しかしそれと同時に「親密な友情」といっていいつながりがある。実際、親友の少ない今日の子どもたちのなかで、「親友」という名にふさわしい友だちをもっているのは、もしかしたら非行生徒を中心とする子どもたちだけかもしれない。

守はたしかに仲間にたいして暴力をくり返しふるったが、しかしかれはだれもが知らない仲間のことやその家族の秘密を知っていた。かれの口からもれるかれらの仲間の話しは、しばしば教師をおどろかせるものであった。その意味では、かれらの仲間はまさにファミリーでもあった。守はこうした仲間のなかで、自分の自然な性行をとりもどし、自分をつくりかえていったのである。

いや、それだけではない。かれらは青年文化や「非行」文化に接するなかで、学校的な価値を拒否していくと同時に、それを支えている中流意識をのりこえ、次第に底辺の職業を独自の観点から価値づけている底辺労働者の意識に近づいていくのである。(11) 守は荒れているとき、サラリーマンになることを拒否し、清掃会社の車にのるアルバイトをするといってきかなかった。かれはまさに中流階層の学校適応過剰と争うなかで、中流階層から下層階層に移行していったのであり、そうすることでかれの思春期統合を進めていったのである。ツッパリぬいた子どもほど、のちに立派な底辺重労働者になるものが多いのは周知のことである。

7　信頼関係の回復

思春期統合をまっとうさせる指導を

このようにみてくると、不登校の子どもや非行の子どもにたいする援助・指導の目的ないしは内容は、かれらがその思春期統合の試みをまっとうすることができるようにすること、いいかえれば、かれらが外的にも、内的にも学校的なまなざしから自立していくことができるようにすることである。そうだとすれば、すべての援助・指導の方法はこの目標ないしは内容に規定されたものでなければならないということになる。

これに照らして考えるとき、援助・指導するものにとってなによりも重要なことは、かれらがこれらの行動をつうじてどのような思春期統合を追求しているのか、かれらの対人関係の組みかえと自己の解体・再編成がどのような過程と段階にあるのかを見定めることである。そして、その過程と段階にふさわしい方法的対応を工夫していくことである。その意味では、援助・指導するものは、さめたというか、クールな態度でもって方法的対応を考えなければならない。

こうしたことを強調するのは、親や教師がときには管理的に、またときには善意で、またときには特定の専門的技法にあてはめて、不登校や非行をやめさせることだけにとらわれるからである。こうした対応は、指導目的に合っていないという意味でも、またかれらの思春期統合の過程と段階にふさわしい方法的対応でないという意味でも誤っている。そして、それは、愛情からでたものであろうと、義務感から出たものであろうと、いたずらに子どもに学校適応過剰を強いるものとなるという意味においてもまた誤っている。

とりわけ、教師による体罰や暴力的指導は、かれらの自立の試みを力によってねじふせるものとなるために、かれらの他者にたいする信頼を根底から破壊し、かれらの人間としての尊厳を根こぎすることになる。そして、かれらから生きようとする意志そのものを奪ってしまうことにもなる。さもなければ、すべての人間にたいする破壊的な攻撃へとかれらを追いやることになる。

不登校や非行のただなかにある子どもにあっては、親と子、家族と子との、または教師と生徒、学校と生徒との関係は断絶している。それを自覚するならば、いま一度親と子との関係、教師と生徒との関係をはじめからつくりなおしていくこと、それも人間的な信頼の関係としてつくりなおしていくことが課題とならなければならない。かれらに拒否されている、いまある家庭や学校のなかに、かれらから信頼される、もうひとつの家庭と学校をつくりだしていくことが課題とならなければならない。

信頼関係を結ぶことは不可能か

それは至難の業である。すでにのべたように、かれらが内なる他者を投射してくるために、教師はかれらから敵視され、敬遠されるからである。教師はかれらに接近すればするほど、かれらの内的な対象関係を投影した、象徴的な関係のなかにまきこまれていく。このために、かれらは教師のやさしさや親切さえも攻撃や干渉とみなすことにもなる。多動児のKは、教師にその動きをただされると、「ぼくは悪い子です。百叩きにしてください」といったかと思うと、つぎの瞬間に「先生はオニだ。殺してやる」と叫ぶが、教師はこうした子どもの揺れのなかに叩きこまれるのである[12]。

しかし、信頼関係をつくることはけっして不可能なことではない。というのは、かれらは親や教師と全面的に対立しながらも、思春期統合の試みをありのまま受けとめ、意味づけ、はげましてくれる、共感的で支持的な他者が現実的にも、内面的にも登場してくることを願っているからである。

でも、この可能性の現実化はきわめて錯綜した過程をたどる。というのは、教師がかれらにかかわること自体が、かれらの思春期統合をますます錯乱したものにすることがあるからである。たとえば、教師の登校催促がかれらをよりひどい閉じこもりへと追いやることになることがある。そうしたときは、いたずらに登校を催促するのではなく、一定の距離をとってかれらを見守りつづけることが必要となる。しかし、それはある子どものある過程と段階のことであって、いつも正しいわけではない。

教師のなかに、登校刺激は避けるべきであるという精神科医やカウンセラーの忠告を絶対視して、不登校の生徒を見捨てるものが多くなりつつある。そうした教師の態度は、かれらとかれらの親に「今度こそ完全に見捨てられた」という感じを与え、不登校を長びかせることにもなる。とりわけ、崩壊家庭のなかにあって、親からも見捨てられているような子どものばあい、こうした教師の対応はかれらをさらにひどい閉じこもりや反抗へと駆りたてることにもなる。

かかわれば抑圧だと受けとられ、かかわらなければ切り捨てと受けとられる、というような錯綜した関係は、これらの子どもに取り組めばかならず経験するところである。それは、子どものなかに教師や学校がいつも二重に映っているからである。つまり、あるときは抑圧するものとして、他のときは支持してくれるものとして映っているのである。

だから、子どもが教師を信頼するようになったとき、かれらはしばしばこれまでよりもはげしい逸脱行動をみせることがある。それは、かれらがこの教師はどこまで自分を追いかけてくる教師であるか試しているのである。そうしたとき、「ここまで面倒をみたのに裏切った」「かれらにはやはり良心というものがないのだ」として、かれらを見捨てるものも少なくない。

しかし、それはまちがいである。子どもたちは教師を「試験観察」にかけているにすぎないのである。

そうであれば、教師はかれらの「試験観察」に耐えるだけでなく、そのハードルをのり越えなければならない。それができなければ、教師はかれらのなかの支配的な他者に代わるものとして、かれらのなかの教師像を撃つものとして、かれらのなかに根づくことができない。それができるとき、教師はかれらに拾われるのである。どんなに教師がかれらに信頼を示しても、それがかれらに拾われなければ、かれらと信頼関係を結ぶことはできないのである。

なにが信頼関係のきっかけとなるかは、実際のところわからない。明男のばあい、寮母が大便をだまって始末し、その後もそれについてはなにもいわなかったことが、きっかけとなった。また、守は、教師が家裁でのかれのまじめ宣言のまちがいを指摘したとき、その教師を信じはじめたという。

これらはあとから考えれば当然のことのようであるが、しかし実践のなかではこうしたことはまさに偶然に起こるものである。というのは、ことは象徴的なことをきっかけにして起こるからである。いくら教師が言葉で信頼しているといっても、それは学校適応過剰を強いるものとして受けとめられるだけであるのはこのためである。

8　懲戒権・体罰問題を考える

思春期統合の過程と段階を見定めて

たとえ子どもと一応の信頼関係ができたとしても、教師はけっしてあせってはならない。とりわけ、教師が言葉で一方的に子どもを責めたり、理屈でかれらをねじふせたりしてはならない。また、事件のあったあとに、子どもに無理に語らせたり、綴らせたりするのも避けたほうがいい。なぜならば、かれらは自分の内面を語るにふさわしい自分の言葉をもっていないからである。だから、かれらは自分の言葉でない言葉で教師に応答するために、まじめ宣言やたてまえ的な反省をするのである。

そうした性急な取り組みに走るよりは、教師は、かれらの象徴的な行動からその意味を一つひとつ取り出していくようにしたほうがいい。また、かれらの対人関係のトラブルの一つひとつをほどいていくことのなかで、かれらからもれでる言葉や感情に注目し、それらを肯定的に評価していくほうがいい。そうすることのなかで、かれらが教師にたいする不信をのりこえ、身体的にも、感情的にも、また精神的にも自己を表現・主張することができるようにしていくことのほうが大切である。

本格的にかれらと言葉で拮するのは、信頼関係が安定してからでいい。そうしたときは、論理的な説得や理論的な論争をしてもいい。いや、そうしなければならないときがある。かれらのなかには、たとえば右翼思想によって「逸脱」を合理化しているものがあるように、強烈な理論武装をしているものがいるからである。また、自己くずしのなかではてしなく自己解体へとおちこんでいく子どもには、毅然として必要な要求を提起すべきである。教師は、かれらのなかのもうひとりの自分をはげますために、断固としてそうしなければならないことがある。

しかし、このような取り組みは、教師ひとりによってなされるものではない。教師は他の教師の協力を得て、かれらに取り組まなければならないだけではなく、かれらにかかわっている地域住民や関係機関とも連携して、かれらの周りにこれまでと異なる対人関係をつくっていかなければならない。そうした多面的な指導体制を構築していくことのなかで、かれらに生きる勇気を取り戻すようにはげましていくことである。守のばあい、地域の住民が守とかれの親をよく支えたから、守は危機をのりこえることができたのである。それは教師が人々の協力体制をつくる要の役割をしたからである。

管理主義的指導と教師の懲戒権

しかし、一般にこうした取り組みを展開していくことはほとんど不可能であることが多い。というのは、学校の管理体制のなかでは、教師はただちに子どもを立ちなおらせるように強制されるからであり、また自分もそうしなければならないと思いこんでいるからである。また、他の教師がこうした教師の指導に介入し、それを妨げるからである。

このために、子どもが教師を信頼しはじめたときに、教師のほうが子どもを裏切ってしまうことがよくある。守のばあい、さきに見たように、校長がかれをいつも追いつめ、かれを精神病扱いをしたことが、守をいっそうの教師不信と逸脱へと追いこんだのである。

こうした失敗におちいるのは、ひとつには、多くの教師のなかに規律違反は許せないという強迫性があるからである。だから、そうした教師は、子どもとの錯綜した関係に耐えられないのである。いや、これは特定の教師だけの問題ではなく、子どもたちと同じく学校適応過剰である教師のすべての問題である。どの教師にとっても、自分のなかの強迫的な学校適応過剰とたたかい、それから自分を解放していくことが課題となっている。教師自身が自分くずしと自分つくりに取り組んでいかなければ、子どものそれにかかわり、かつそれを援助・指導していくことができないのではないだろうか。

しかし、それ以上にというか、もうひとつは、今日の学校の管理体制があまりにも多くの規則によって教師と生徒を縛っているからであり、規則違反の生徒を直ちに立ち直らせるように個々の教師、とりわけ学級担任に要請してくるからである。

管理職や同僚がそのように要請してくる裏には、個々の教師が学校教育法第一一条によって、児童・生徒・学生にたいする懲戒権を与えられているという事情がある。それはたしかに個々の教師による体罰は否定はしているが、個々の教師による懲戒は認めているのである。このために、個々の教師は、懲戒権を駆使してでも、子どもを立ち直らせろと暗に強制されるのである。こうしたところでは、もっとも子どもに近いところにいて、子どもともっとも信頼関係をもつべき学級担任が、管理主義の尖兵とされ、逆に管理職や主任がもっともゆるやかな援助や相談に従事するような学校体制ができあがる傾向にある。

個々の教師と懲戒権

こうしたなかで、体罰と管理主義的な指導を克服するためには、教師は、生徒の行動のひとつひとつをがんじがらめにしている規則そのものを改革していかねばならないだろう。それと同時に、自分に与えられている懲戒権の行使を拒否するしかないだろう。いや、懲戒権そのものを返上し、それを校長ないしはそれに準ずるものに限定していくべきであろう。

しかし、そのようにしても、その懲戒権は恣意的に発動されるべきではないし、また当該生徒にたいする指導ぬきで発動されるべきではない。校長ないしはそれに準ずるものは、学級担任の当該生徒にたいする指導プランとそれについての教職員集団の合意にもとづいて、当該生徒にたいする特別指導をおこなうことからはじめなければならない。特別指導は、子どもの退行や攻撃のなかに巻き込まれやすい学級担任にかわって、必要な要求を公的に提起し、学級担任の指導を補完するものでなければならない。

懲戒権の行使は、こうした特別指導とのかかわりで、またこれと結びつけて行われなければならない。しかし、それは一定範囲内での学校での自由の拘束、または権利の停止という形をとるが、それは子どもの自由と権利を基本的に犯すものであってはならない。

学級担任は、こうした特別指導の発動と懲戒権の行使を承認していても、当該生徒とかかわる場においては、かれを擁護し、弁護することが認められなければならない。担任はかれの自己変革の試みと努力、かれを包む友だちや学級集団の影響力、家族や住民の教育力、それに今後の見通しなどを述べることによって、かれを擁護・弁護していくことができなければならない。そうすることのなかで、かれの自己教育力とかれを包む人々と諸集団の教育力を組織して、懲戒権の発動を不必要なものにしていく努力をつづけなければならない。校長もこれを受けて、懲戒権の行使を停止し、学級担任を中心とする教職員集団と生徒集団の取り組みが進展していくように、また当該生徒がこれを受け入れていくように特別指導を展開していくことである。

こうした指導と管理の体制があるとき、学級担任は懲戒権から解放されて、子どもと生活をともにするものとして、かれの思春期統合にかかわりつづけることができるのではないだろうか。

これが、戦後一貫して非行に取り組みつつ、処分主義の克服をめざしてきた底辺の高校の教育実践が到達した結論のひとつである。[13] そして、それはまだ総括されてはいないが、非行と取り組んできた中学校の結論である。

9　友だち関係の発展

友だち関係の希薄な子どもたち

ところで、すでにみてきたように、教師は個々の子どもにたいする直接的な個人指導と並行して、かれらの対人関係、とりわけ、かれらの友だち関係や、それを包んでいる子ども集団にたいして、集団的な指導をも入れていく必要があるだろう。

強迫的傾向を強くもつ今日の子どもたちは、それぞれに擬装して、学校生活を送っているきらいがあるために、一般に親密な友だちをもっている子どもがきわめて少ない。

強迫的履行に走る子どもは、学校での学力・忠誠競争に、また文化支配にたいする同調競争に積極的にのり、そのなかでの勝者となることでもって、他人にたいして優位を保とうとする。いや、そればかりか、かれらは自分の優位を犯すものにたいしては攻撃的となり、自分よりも劣位にあるものにたいしては迫害的となる。このために、かれらは友だちを多くもっているようにみえるが、しかしかれらは心を許した友だちをもっていない。

他方、強迫的黙従におちいるものは、明男にみられるように、だれとも関係をもとうとしないで、戦車のように自分を閉ざしている。みんなとあそぶことができる集団的状況においても、かれらは集団のなかでひとり遊びにふける傾向をもっているから、かれらにもまた心を許した友だちができるわけがない。いや、それればかりか、かれらはしばしばひとりで固い殻のなかに閉じこもっているために、いじめ・迫害の対象にされてしまう。

いずれにしても、強迫的な傾向をもつ子どもたちは、他人にたいして心も体も委ねて、かかわることができない。「依存することとは、しかし強迫者には、まったくコントロールを失いだれか他者の影響とコントロール下におかれることと解釈される。この解釈は、かれがほとんど気を使わないで依存できると感じている親密な人たちにおよぶばかりでなく、自動車とかテレビとかいった生命のないものにまで及ぶ」[14]。このために、かれらは心も体も他人に委ねることも、自然な交わりをすることもできないのである。そして、そのことがますますかれらの強迫性をつよめていくのである。

そうだとするならば、かれらを指導していくばあい、かれらのささくれだった友だち関係を、またかれらの自己閉鎖的な友だち関係を、心身ともに開かれた、親密な友だち関係に転換していくことが、援助と指導の課題となる。しかし、そのばあいでも、たとえば不登校の子どもにたいする登校強制となるような友情の押しつけは避けるべきである。そうした試みは、かれらをいっそう自分や自分たちの仲間のなかに逃避させるだけとなることが多い。

親密な友だち関係を核とする集団を

前思春期から思春期にかけての子どもの友情は、馬鹿さわぎやふざけ、逸脱や反抗を共有することのなかから生ずることが多い。そのなかで、かれらは少しばかり退行して、自分をくずしつつ、自分をつくっているのであるが、子どもはそうした状況のなかで自分にふさわしい友だちを発見するのである。

今日、この時期の子どものなかに、馬鹿さわぎ、ふざけにともなういじめ・迫害がひろがっているが、しかし、それにもかかわらず、かれらはそのなかで親密な友だちを探してもいるのである。そうしたなかで、かれらは友だちの自由な自己主張のし方、自己表現のし方に細心の注意を払いながら、次第にその擬装を解いていくのである。不登校の子どもたちのばあいでも、仲間うちの馬鹿さわぎやふざけはかれらの体と心を開き、かれらの自分くずしと自分つくりを促進するものとなるといわれている(15)。

子どもたちのなかに親密な友だち関係が発展していくと、かれらはそのなかに自分のさまざまな問題をもちこんでいくようになる。そして、それらにたいする友だちの反応や態度に照らして、自己を見つめなおし、自己をつくりなおそうとする。また、友だちの価値的な評価を介して、自分の価値判断を決めようとする。子どもたちは、こうした友情関係のなかで、はじめて共感的な他者を取り入れて、支配的な他者をのりこえ、自己の解体と再編成をすることができるようになるのである。

その意味では、親密な友だちは、ありのままの自分を映してくれる鏡である。また、それは、親や教師によって統制されてきたこれまでの世界から、かれら独自の世界へとかれらを導く橋であり、現実を新しく価値づけなおし、かれらの理想を生み出す仕掛けでもある。だから、それは心理的離乳と自立の根拠地となるのである(16)。

そうであるならば、教師は、ツッパリ仲間にみられるような、閉鎖的な仲間関係を一方的に解体するのではなく、かれらに真に親密な友だちとはなにかと問いぬかせることをつうじて、それを組みかえていく必要があるだろう。しかし、こうした指導はすべての子どもに必要なのである。すべての子どもが、親密な友だち関係をつくりだしていくことのなかで、選抜・選別原理をこえた価値と理想をつくりだし、それにふさわしい学校生活を集団的につくりだしていくことができるように指導することがいま求められている。

それと同時に、教師は、不登校や非行の子どもを差別視したり、敬遠している子ども集団にたいして、不登校や非行がけっしてかれらだけの問題ではないこと、とりわけ、かれらがそのなかで追求している自分くずしと自分つくりは子どもたちみんなの問題であることを明らかにし、かれらの思春期統合の試みにたいする共感を組織していくことである。そのなかで、教師は、子ども集団が自分たちのなかにひそむ学校適応過剰と学校適応不足を問題にし、それから自立していくこととはどういうことかを問うことができるように指導していくことが必要であろう。

子どもたちにとっては、学校とはなにかという問題は、かれらの思春期統合のなかの大問題である。とりわけ、否応なく学校からつきはなされていく子どもたちは、これを問わないかぎり、選抜・選別体制を超えたところで進路を決定していくことができないだろうし、自分にとって必要な教育を見つけることができないだろう。しかし、それを問うおとなと友だちと集団がなければ、かれらはそれを問いつつ、連帯して自立の道をひらいていくことができないのである。

（1） このケイスはわたしが直接に関わったものである。
（2） 大阪市立貝塚養護学校登校拒否研究会『家庭内暴力・登校拒否の子どもの実態と地元校復帰への取組み』（一九八三年）。事例の子どもはAとよばれている。

（3） 横湯園子『登校拒否――専門機関での援助と指導の記録』（あゆみ出版　一九八一年）
（4） 一九七〇年代から学校はゆとりの時間の新設、ボランティア活動の奨励などのなかで、一定の人格基準にたいする忠誠競争を積極的に組織するようになった。また、七〇年代から本格化した高校・大学入試への推薦制の導入は、こうした傾向をさらにつよめることになった。これについては拙著『生活指導と教科外教育』（民衆社　一九八〇年）を参照されたい。
（5） 野口美代子「発達のもつれに苦しむ子ども」（『生活指導』一九八四年一一月臨時増刊号所収）
（6） 前掲横湯園子『登校拒否――専門機関での援助と指導の記録』
（7） 強迫的傾向が不登校の子どものなかにみられるということは、多くの精神科医から報告されているが、そうした傾向は不登校の子どもだけの問題ではなく、今日の子どもすべての問題である。ここにあげた強迫的履行、強迫的黙従については河合洋『学校に背を向ける子ども』（日本放送出版協会　一九八六年）、パーソンズ『社会体系論』（青木書店　一九七四年）による。
（8） サルツマン『強迫パーソナリティ』（みすず書房　一九八五年）三頁
（9） ポール・L・アダムス『強迫的な子どもたち』（星和書店　一九八三年）一一一頁
（10） 斉藤大仙「ある登校拒否」（『日教組第三一次全国教育研究集会第一一分科会埼玉教組報告書』一九八二年）。なお、日本教育学会『現代社会における発達と教育・研究報告書第三集』一九八五年に再録されている。
（11） ポール・ウィリスは『ハマータウンの野郎ども』（筑摩書房　一九八五年）のなかで、イギリスの労働者階級の子どもが学校への反抗をつうじて労働者となると同時に、またそれによって労働と社会に順応していくことを詳細に分析している。
（12） 篠崎順子「僕のハンカチで中田さん涙ふいて」（『生活指導』一九八四年一一月臨時増刊号所収）
（13） 水上久男『生活指導二〇年』（高文研　一九八一年）、岩淵国雄『高校生の山河』（高文研　一九七六年）を参照されたい。水上久男が勤務してきた東京都立農林高等学校の教職員集団は、戦後以来、非行問題に取り組むなかで、処罰主義と管理主義を克服するために、教職員集団と生徒集団による学校の自治と自主管理を一貫して追求してきた。そして、ここにのべたような指導と管理の学校体制をつくりあげてきた。農林高校の特別指導については、水上久男「ホームルーム担任を生かす特別指導」(『生活指導』一九八三年九月号)を参照されたい。

(14) 前掲サルツマン『強迫パーソナリティ』八五頁

(15) 横湯園子『登校拒否——新たなる旅立ち』(新日本出版社 一九八五年)

(16) 前思春期から思春期の親密な友だち関係については、H. S. Sullivan "*Interpersonal Theory of Psychiatry*" (Norton, 1953)、笠原嘉『青年期』(中公新書 一九七七年)、拙稿「いじめと友情」(『国学院雑誌』一九八四年四月号所収、本書第I章)などを参照されたい。

終章　現代社会における思春期統合

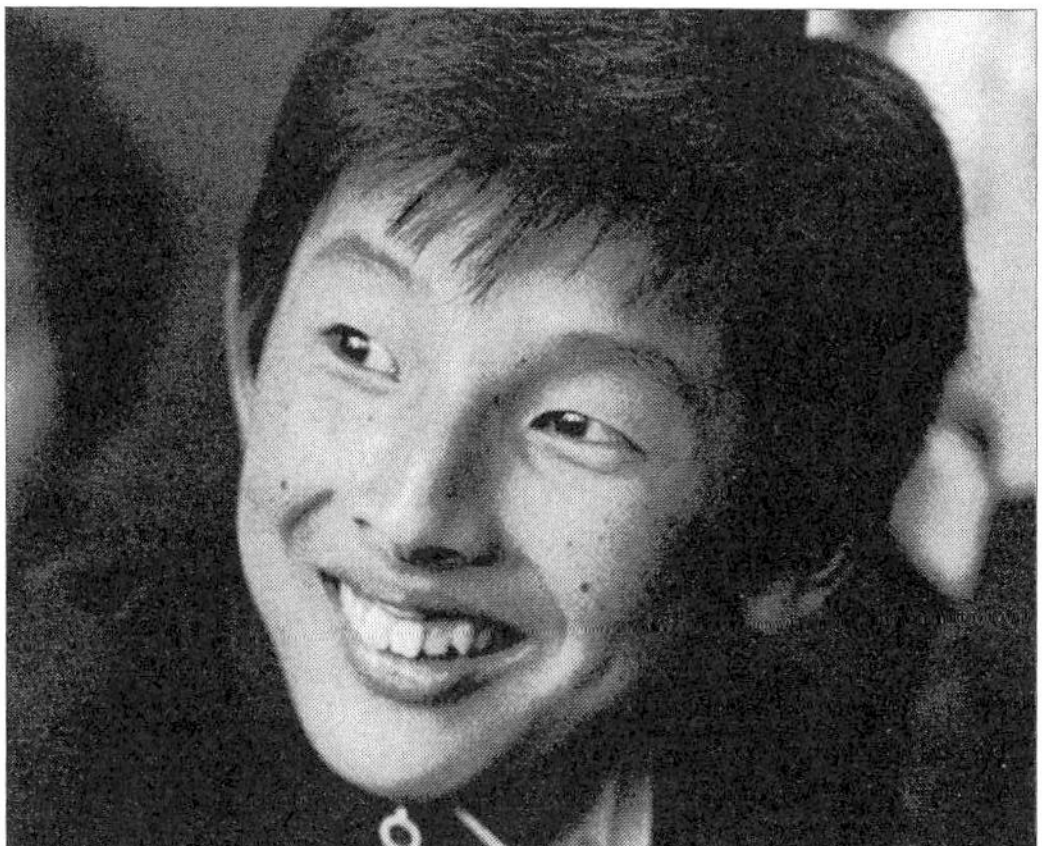

1　「問題行動」と思春期統合

今日、前思春期から思春期にある子どものなかに、「問題行動」が大量に発生している。それればかりか、この時期にある子どもたち全体がまるごと「問題行動」的状況に巻きこまれているとさえもいわれている。

「問題行動」の諸相

このことは、今日の子どものなかには、「問題行動」をきっかけにする以外に、親や教師、家庭や学校から心理的に離乳することができないものが多いことを示している。それればかりか、心理的離乳から第二の誕生にいたるまでの思春期・青年期を、「問題行動」的な状況のなかですごさなければならないものが多いことをも示している。

今日の子どもの「問題行動」は多様なかたちをとって噴きだしているが、それは、まずは対人関係のトラブルとして現れてくる。

思春期の子どもの対人関係を横断的にみると、そこには、家出・家庭内暴力にみられるような親とのトラブル、校内暴力にみられるような教師とのトラブル、いじめ・迫害にみられるような同性・同年輩のもの同士のトラブル、そして性的「逸脱」にみられるような異性とのトラブルがひろがっている。

個々の子どもにそくしてみれば、これらは個別的な問題にすぎないが、これらが同時に家庭や学校とのトラブルでもあることを考えると、かれらはまさに制度としての家庭や学校と争っているといっていいだろう。

　また、はげしい「問題行動」をしめす子どもの対人関係を縦断的に見ると、当然のことながら、親や教師との、同性・異性の友だちとの、また家庭・学校・仲間集団とのトラブルが縦に並んでいる。かれらにあっては、ひとつのトラブルがつぎのそれをよび、またそれがつぎのそれをよぶという形になっている。

　こうした対人関係のトラブルを基盤にして、一方に、不登校および高校中退が、他方に、非行がひろがっていく。不登校は、学校からの撤退であるのにたいして、非行は、学校への反逆である。両者はいずれも学校とのトラブルであるという点では共通している。また、両者には、授業拒否、入室・入級拒否という点でも共通項がある。こうした点からみれば、非行生徒は「学校に行っている元気な不登校生徒」であるともいえるだろう。

　ところで、ひとたび、不登校や非行におちいると、それがまたきっかけになって、新しい対人関係のトラブルがひろがり、深まるために、かれらはさらに長い思春期遍歴をしなければならなくなる。そうなるのは、もしかしたらそれだけの時間をかけなければ解けないほどの問題を、かれらが背負いこまされているからかもしれない。しかし、それ以上に、そうなるのは、親や教師、家庭や学校が、かれらを力で押さえこもうとするからであり、また、かれらを精神的に見捨ててしまうからでもある。

　ところで、不登校や非行におちいり、学校から脱落したものを待っているのは、不安定就労（パートタイマー・転職・半失業・無職）である。このために、思春期以降もさらにさまよいつづけなければならないものも少なくない。

また、こうしたなかで、はげしい精神的不安におちこんで、自傷行為や自殺に走るものもいれば、宗教熱にとりつかれて、教団にファミリーを求め、その戒律や教義によってくずれゆく自分を強固に枠づけようとするものもいる。

問題行動と思春期統合

これらが今日における子どもたちの代表的な「問題行動」であるが、かれらはこうした行動をつうじて、これまで自分を閉じこめていた対人関係をこわしていくのである。そうすることによって、かれらは幼少年期からの自分をくずしていくのである。かれらはこうした行動による以外に、親や教師、家庭や学校から心理的に離乳していけない子どもであるのかもしれない。

しかし、かれらは、そうした「問題行動」のなかで、同性・同年輩の親密な友だち、同性または両性からなるピアグループ、さらにはカップルをつくりだしつつ、それらとの関わりで新しい自分をつくっていく。また、それらに依拠して、これまでとは異なる社会的パースペクティブを切り開きつつ、生きる道をまさぐっていく。

今日の子どものなかで、非行にはしる子どもは、だれよりも親密な友だちをもっていると推察されるが、それは、こうした友だちなしには思春期をのりこえることができないからである。(1) また、友だちをつくるのが下手な登校拒否の子どもたちのばあいでも、治療や再教育の場でなんらかの形で友だちを得て、そのなかで自己を新たにつくりなおしていく。(2)

このようにして、これらの子どもたちは対人関係を組みかえながら、自分くずしと自分つくりを展開していくのである。こうした思春期における自分くずしと自分つくりのことを、思春期における人格の再統合(思春期統合)というが、かれらの思春期遍歴は、現代社会における思春期統合の社会的・心理的な構造とダイナミズムをきわだった形で示している。そればかりか、今日の子どもがほとんどなんらかの逸脱をつうじて思春期統合をすすめていくという、その構造とダイナミズムをもまたきわだった形で示しているといっていい(3)。

そこで、これらの「問題行動」を多発させている子どもを中心にして、以下、現代社会における思春期統合について考えていくことにしよう。その際、かれらがこうした行動を犯してまで組みかえたかった対人関係とはどういうものであるのか、そうしてまでしてくずしたかった自分とはどのようなものであるのか、そして、そのなかで、どのような自分をつくっているのかに焦点をおいて、その社会的・心理的な構造とダイナミズムとを明らかにしていきたい。

2 「問題行動」の社会的、教育的基盤

そこでまず、今日の子どもが、どのような社会的、教育的環境のなかで成長・発達をとげてきたのかから考えることにしよう。

一九七七年と一九六二年

非行が戦後第三のピーク期に突入したのは、一九七七年からであった。この年、一五歳

であった子どもが生まれたのは、一九六二年である。

また、一九八五年は、子どものなかにいじめ・迫害が爆発的に噴きだした年であった。この年、一二歳であった子どもが生まれたのは、一九七三年である。

一九六〇年前半に、また七〇年前半に生まれた子どもは、この間の社会的、教育的な変動のなかで、また家族の変化のなかで、どのような生育史をたどり、そのなかで自分というものをどのようにつくってきたのだろうか。

六〇年代の前半というと、経済の高度成長が「民間投資型」から、「財政主導・輸出型」に移行した、ちょうど谷間の不景気の時代であった。また、五九年は高校中退率がいまなお戦後最高である二・九パーセントを記録した年であり、六一年から六四年までは、非行の戦後第二のピーク期にあたり、六〇年代前半は登校拒否が注目されはじめた時期でもある。その意味では、この時期に、今日において問題とされている子どもの傾向のすべてが現れていたといっていい。第三の非行期がはじまったときの中学生は、まさにこの時期に生まれたのである。

そこでまず、かれらを生んだ家族がどのような状況にあったかからみることにしよう。

六〇年代における家族と学校の変貌

この時期は、家族は激変のなかにあった。それは、農民家族から労働者家族へ、世代家族から一代家族へと大きく変化し、核家族化・小家族化のただなかにあった。

そのなかで、それは、夫・父の社会的業績と子どもの学業成績を上げるために、そのもっている資力を最大限これらに集中するというパーソンズ型「核家族」、つまり、業績家族・教育家族へと変質していった。[4] 経済的にいえば、それは、労働力の再生産と世代的再生産とを最大の課題とするものとなったのである。そして、夫婦の性別分業のなかで、妻・母は、ハウス・キーパー、兼、ホーム・チュウターとなっていった。

こうした変化のなかで、子どもの生みかたもまた大きく変化していった。この時期、親は理想とする子どもの数を三人にまでへらした。しかし、二人の子どもをもっている親のうち、七〇パーセント以上のものが「三人目の子どもはもういらない」とし、子ども二人の時代がはじまったのである。そのうちには、中絶・避妊があったことはいうまでもないが、子どもを二人にした最大の理由は、生まれた子どもによりよい教育を与えたいということにあった。[5]

その結果、子どもは計画的に少なく生んで、立派に育てるという教育家族の時代がはじまった。子どもは生まれる前から管理されて、出生するようになったのである。

しかし、都市化、核家族化のもとにある現代家族は、伝統的な「まったき家」のように、あらゆる生活機能を完備しているわけではない。そのために、それは生活のなかで子どもを育てあげる教育力ももってはいない。だから、それは、その生活機能をみたすために、生活の公共部門化を求め、子どもの教育のために、保育所・高校の増設を要求していった。

そのなかで高校・大学進学率は、一九六〇年代をつうじて上昇し、七〇年代には、高校は、実質上、準義務化した。そのなかで、すべての子どもが高校をつうじて青年期を享受する可能性を入手した。高校・大学は、かつてはエリートにのみ青年期を保障するものであったが、いまや青年期の大衆化をおしすすめ、大衆の子どもに、人格的・社会的自立を追求する青年期を保障する可能性をもつにいたった。

ところが、このような家族の変化、子どもの生み育てかたの変化、さらには青年期の大衆化に対応して、国家が打ちだしたのが能力主義教育政策であった。所得倍増計画（一九六〇年）や経済審議会答申のマンパワー・ポリシー（六三年）に典型的にみられるように、それは、学校を企業の労働力養成管理機関に再編し、子どもを効率的に選別・選抜しようとするものであった(6)。

子どもの囲い込みの第一段階

別の面からいえば、それは、家族を、「企業国家」の労働力要請管理の下支えにしようとするものでもあった。このために、子どもは少なく生んで、立派に育てようとしていた教育家族は、その傘のもとに吊りあげられ、「受験戦争」「教育戦争」に呑みこまれていくことになった。

他方、いうまでもなく、学校は、能力主義的政策の展開のなかで、選別・選抜の巨大な機構と化していった。六〇年代の後半に強行された高校多様化政策によって、高校入試は選別・選抜試験という性格を強くもつこととなった。それとともに、中学校だけでなく、小学校の日々の授業までもが、選別・選抜の過程となっていった。

このために、子どもは、能力主義的な家族と学校とによって囲い込まれることになったのである。また、人格的・社会的自立の可能性をすべての子どもに保証するはずであった大衆的青年期も、それらによって囲い込まれることになった。七〇年前後の高校紛争は、ある面では、伝統的なエリート的青年期の終息であり、大衆的青年期の完成であった。しかし、それはまた大衆的青年期の可能性の消滅であり、

それの愚劣な完成でもあった。(7)

3　学校と家族の変貌

子どもの囲い込みの第二段階

しかし、これは、子どもにたいする囲い込みの第一歩でしかなかった。その囲い込みは、一九七〇年代前半の社会的・教育的変化のなかで、いっそう強められることになった。

周知のように、時代は一九七三年のオイル・ショックを契機にして、高度成長から低成長ないしは安定成長へと移行していった。

この時期、企業は、まず第一に、日本型集団主義によって能力主義管理を修正しつつ、ハイ・テクノロジー競争へと突入していった。こうした企業の能力主義管理の転換を受けて、能力主義教育政策もまた、修正を求められた。その結果、それは、これまでのような要素的、個別的な能力・学力だけでなく、総合的な能力・学力を、さらには、「心」「肚」のような人格的特性を学校教育にもとめ、それらを選抜・選別の基準とする方向を打ち出したのである。(8)

こうした能力主義の転換は、七〇年代に公布された学習指導要領においてふたつのかたちで具体化された。そのひとつは、中学校の英語三時間制にみられるような授業内容と授業時間の削減である。つまり、個々の教科の個別的な学力の保障の軽視、それにたいする公的責任の放棄である。いまひとつは、これに代えて、「ゆとりの時間」を前面に打ち出したことである。それは、まさしく、新しい能力主義が要請する人格的特性を形成するものとして位置づけられていた。これらによって、公教育学校は、安あがりの教育機関、人格の管理機関に組みかえられはじめたのである。

このように、学力だけでなく、人格さえもが選抜基準となると、選抜・選別にたいする競争は、学力競争だけでなく、「忠誠」競争という性格をも帯びてくる。もともと学力競争は、所定の学力基準にたいする忠誠競争をふくむものであるが、しかしいまや学校は所定の人格基準にもとづいて忠誠競争を組織するまでになった。

だが、それについて触れるまえに、この時期に企業が採った第二の方針についてみておく必要があるだろう。

その方針とは、企業が生活の商品化、生活の情報化、商品のブランド化を家庭の深部までひろげていくことによって、新しい市場を開拓しようとしはじめたことである。そのために、企業は、新しい家庭の生活のあり様、新しい家族の生きかたを宣伝することをとおして、家族の生活と意識そのものを「指導」するまでになっていった。そのなかで、家族は、企業が指示する生活のあり様にむけての「同調」競争を顕著にしめしはじめ、一億総中流階層化とさえいわれるような状況をそこにつくりだすことになった。

共働き教育家族のひろがりと教育の外注化

この時期に、企業と国家とが採った二つの方針は、教育家族のあり様をさらに変貌させることになった。まず夫・父は、能力主義管理の強化のなかで、「会社人間」化されて、家族からの離脱を強いられていった。その典型は単身赴任である。教育家族における父親不在は、いまや常態となった。このために、子どもの教育にたいする母親の役割がさらに重くなり、子どもにたいする両親の役割が混乱するようになっていった。

他方、妻・母は、生活の商品化のなかで、家事労働を外注して、働きに出ることになった。保育・教育もまた例外でなく、それらの外注化が進行した。それを象徴的にしめしたのが、一九八〇年代の初頭におこったベビーホテル事件である。(9) このなかで、性別分業を前提としていたはずの教育家族は、共稼ぎ・共働きのなかで教育を外注する教育家族へと変貌していったのである。それは、まさにファミリーのないホームの時代のはじまりでもあった。

妻・母が働きに出るようになったことのなかには、たしかに女性の自立という面があるが、その反面には、つぎのような問題がかくされていた。

その問題とは、妻・母が働きにでた最大の理由が、生活の商品化のなかでの生活費と教育費をまかなうためであったという点にある。とりわけ、妻・母を就労させることになった要因は、さきにみたような教育政策の転換による教育費の負担増であった。つまり、家族はまずは、公教育学校が個別的な学力を内容的にも、時間的にも保障しなくなった分、またはそれ以上を自力でみたさなければならなくなった。そしてさらに、新しい能力主義が採択した人格という選抜基準にたいする忠誠競争から脱落しないためにも、自力でそれに備えなければならなくなったからである。

これらのために、家族は、いまや否応なく、教育産業が提供する商品とサービスを購入しなければならなくなった。それは、学習塾だけでなく、スポーツ・スクール、音楽学校などにおよんだ。そのうえに、スポーツ少年団などの「民間」部門に子どもを参加させるために、さらに教育費を増やさなければならなくなった(10)。

このような負担増は、教育家族が、新しい能力主義のもとで、学力競争だけでなく、忠誠競争にも参加しなければならなくなったことを示している。しかし、家族あげての生存競争としての学力・忠誠競争は、資力によって決定される面がつよいために、資力のない家族は、母が就労して、それに備えるしかなかった。その意味では、共働き家族は、学力競争だけでなく、忠誠競争にまで駆り出された教育家族のすがたであるといっていいだろう。

このために、妻・母は間接的な形態ではあるが、よりいっそうきびしく家事労働に、そして子どもの教育に縛られることになった。その結果、世上いわれるような過保護型の教育ママは七〇年代後半から大きく後退し、愛情抑制・過干渉型の教育ママが前面に出てくるようになった。

いまこれを子どもの側からみると、家族がこれまでにもましてかれらを支配・拘禁するようになったことを意味している。それればかりか、かれらは学力・忠誠競争において成功しなければ、いつ親に捨てられるかわからないような状況におかれることになったのである。そして、こうした状況と並行して、いかなる保護も家族から与えられない子どもが増加しはじめたのである。

支配としての文化への同調競争

こうした学力・忠誠競争に加えるに、いまひとつの同調競争が家族を駆りたてることになった。それは、いうまでもなく、企業の提示する生活様式にたいする、ということは、支配としての文化にたいする同調競争のことである。家族はそれに加わることができて、はじめて中流階層意識をもつことができるのである。「ナウ」な生活ができることは、また、所定の文化基準にたいする忠誠表明でもあることを知っておく必要がある。(11)

そして、こうした傾向はおとなの世界だけでなく、子どもの世界にもひろがっていった。このために、学校そのものが中流文化の支配する場所となり、学校がまたそれを強化する役割をはたすようになった。このために、低所得家族や崩壊家族の子どもは、文化的にも、ということは、服装、食習慣、言葉づかいといった点でも、学校社会から排除されるようになりはじめた。八〇年代にはいってからの中流階層の二極分化のなかで、この傾向はさらに強くなっている。(12)

このような生活・学習の両面における同調・忠誠競争の深化こそが、その反面において、いじめ・迫害の深化という今日的事態を生みだしているのである。

ところで、このような条件のもとで、家族あげての生存競争としての学力・忠誠競争、同調競争がひろがるようになると、家族は、ゆとりをもって子どもをそれらにむけて押し出していけるものと、共働きのなかでの極端に緊縛された生活のために、家庭崩壊の危機にさらされ、子どもをそれらに押し出していけないものとに二極分解しはじめた。前者は、きびしい形態をとることもあれば、ゆるやかな形態をとることもあるが、いずれのばあいでも、全面的に子どもを囲い込む教育家族である。これにたいして、後者は、親の意図のあるなしにかかわらず、乳・幼児期から子どもの発達を保障できない非教育家族である。

そして、八〇年代半ばからの中流階層の二極分化の進行のなかで、こうした家族の二極分解はますます顕著なものとなっていった。

子どもを囲い込むものとしての学校

他方、この時期、学校は、こうした二極分解のなかにある家族の子どもに、その学力基準・人格基準をおしつけ、かれらを学力・忠誠競争へとまきこんでいった。そして、「ゆとり」体制のもとで、学校がゆるやかな支配へと移行した分だけ、選別・競争は家庭・塾・スポーツ少年団に移行し、学校外でもかれらを拘束することになった。そして、それらから脱落したものにたいしては、学校がきびしい管理を展開していくという状況が発生することになった。

そのなかで、「下位」の高校に見られたような管理主義・処罰主義が中学校にひろがりはじめた。このために、高校・中学校は子どもを教育する機関であるよりは、子どもをゆるやかに、またきびしく囲い込む管理の機関と化していった。高校では、あまりにも多くの中退者がでるために、行政は退学処分を控えるようにという指示を出さざるを得なくなった。なぜなら、多数の生徒を退学させるようだと、それは囲い込みの機関としての役割を果たさなくなるからである。こうした指示は、中退者を中心とした横浜の浮浪者襲撃事件をきっかけにして、全国にひろがっていった。しかし、中学校では、学校に従順でないものは見捨てるか、排除するという方針がとられるようになった。それは、不登校生徒は学校の指導対象ではなく、精神科医とカウンセラーの対象だとする見解のなかに、また非行生徒にたいする出校停止処分が公認されたことのなかに、さらにはかれらを少年院に送致してほしいという学校側のいい分のなかに、典型的にみられる。

4　子どもの対人関係とパーソナリティ

それでは、このような社会的・教育的環境のなかに育った子どもは、親や教師、また家族や学校とどういう対人関係を結び、そのなかでどのようなパーソナリティをつくってきたのであろうか。

教育家族の優等生たち

まず、教育家族と子どもとの関係からみると、教育家族の親は、よくいわれるように、子どもにたいして、一定程度の保護とひきかえに、過剰な期待と過剰な干渉を加え、小さいときから子どもにさまざまな習いごと・スポーツ・学習を強いる。こうしたなかで、子どもは親の期待と指示のもとに学力・忠誠競争に参加していくことになる。

そうした子どものなかで競争に勝ち残ったものが進学校の生徒であるが、かれらを対象とした調査によると、かれらの大半は、家庭生活に満足し、父母を尊敬し、悩みの相談は親にするという傾向を強くもっている。それほどにかれらは、親に依存し、従属している。しかし、その反面では、かれらは、学習面でも、生活面でも、親の強烈な干渉下にあるために、男子では、「親は勉強や成績にうるさい」、女子では、「親は生活面で自分の意見を押しつける」といった不満をつよくもっている。

かれらは、一方では、親の支配に従属しつつも、他方では、それにひそかな敵意をもつという両価的な態度をもつ。このことは、かれらもまたその保護・依存関係において、充実した甘えをかならずしも経験していないことを示している。(13)

ところで、子どもは、その発達過程における他人と自己の関係、集団と自分の関係（外的対象関係）を縮約して、内面における「他者」と自我の関係（内的対象関係）をつくりだすといわれている。そうだとするならば、これらの子どもは、親と自分の関係を、また教師と自分の関係を、どのような「他者」と自我の関係に縮約しているのであろうか。そして、その関係のもとで、どのような自己と自我と社会的自己との関係をつくっているのだろうか。(14)

かれらはまずは重要な他者である母親を内面に取りこんで、内なる「他者」をつくりだしていく。そうだとすれば、母親が愛情抑制・過干渉型の母親であるばあい、かれらは、それを支配的な内なる「他者」として取りこむことになる。その結果、かれらの自我はこれに呑みこまれて、すすんで自己を抑圧し、「他者」の期待や思惑にかなった社会的自己をつくりだすようになる。(15)

このために、かれらは学校に行くようになると、親を原像とする支配的な「他者」を、教師に投射していく。また、教師も、今日の支配的な学校の教師として、それを強化する。こうした「取りこみ―投射―取りこみ」のなかで、かれらの内なる「他者」はますます強化されていくことになる。

そのために、かれらはますます学校の秩序に過剰に適応するようになる。かれらのあるものは、学校のなかに埋めこまれている競争に強迫的にこだわる、強迫的履行型の子どもとなる。かれらは、勝敗にひどくこだわり、目立ちたがり、尊大で傲慢である。また、他のものは学校の秩序にこれまた強迫的にしたがう、強迫的黙従型の子どもとなる。かれらは、心身ともに硬く、まじめで、几帳面で、小心、完全主義的で、潔癖主義的である。こうした子どもたちのなかから、思春期になって不登校や非行に急激におちいるものが出てくる[16]。

非教育家族の子どもたち

それでは、緊縛された生活を強いられ、家族崩壊の危機にさらされて、子どもを保護・教育することができないでいる家族のなかに育った子どもは、どのような対他関係をもち、どんなパーソナリティをつくりだしていくのだろうか。

こうした子どもの対人関係は、親、とくに母親の子どもにたいする対応のしかたによっていくつかに分かれるように思われる。

まず第一は、母親が早くから存在せず、たとえいたとしても、子どもにたいして保護と愛情をあたえるどころか、むしろ子どもを拒否しているようなばあいである。このようなばあい、子どもはその人生において最初にであう重要な他人を欠くために、その内面において他者を確定していくことができない。そのために、かれらは基本的に自我を確定していくことができないまま、自他未分の無意識的な力の噴出にさらされ、人格解体的な傾向をかかえもつことになる。かれらの自我は、信頼できる他者に支えられて、それらを統制し、自己を実現していくことができない。かれらは恐怖にみちた世界と自己をかかえつつ、所与の生活に自主的にかかわることなく、仮性適応していくことになる。

第二は、親が生活におしひしがれてか、不幸な自己愛からか、子どもと幼児的な共生関係をむすぶようなばあいである。このようなばあい、親は子どもを自分本位的に自分のもとにひきとめようとし、子どもが自立しようとすると、子どもを罰するというかかわり方を示す。このために、子どもはいつも親の動揺に巻きこまれてしまい、親から分離・独立することができない。不安定で、活力を欠く他者・自我関係にあるかれらは、自己を社会化していくことができないために、社会的に未熟であり、かつ退嬰的となる。

第三は、親がなんらかの理由から代償的な過保護にでるばあいである。このような親のばあい、子どもの内面における他者の力が弱いために、子どもの自我は未分化な自己にひきまわされる。このために、それは自己中心的な傾向を顕著におび、衝動的で、逸脱的な社会的自己をつくりあげていくことになることが多い(17)。

第四は、子どもを愛してはいるものの、家庭崩壊のなかで行きくれているような親のばあいである。このようなばあいに、子どものほうが危機的な家族関係にたいして過敏に反応して、幼いながらも家族のあいだを取りもとうとする努力を意識的、無意識的につづける。そうした子が女子であると、彼女は、「第二の主婦」ないしは「陰の主婦」のようにふるまい、けっして母親に甘えるようなことはしない。いや、かれらは、本来、甘え・依存したいのにもかかわらず、そうすることにブレーキをかける。かれらの自我は、自壊的な他者にひきつけられて、それに張りつめたような気くばりをしている。そのために、自分の欲求・要求をきびしく抑制する。自己主張をすると、自壊的な他者が崩壊してしまうのではないかと恐れていたり、また逆に、親によって拒否されるのではないかと恐れてもいる。その意味では、かれらも、教育家族の子どもとは別なかたちではあるが、緊張をはらんだ家族関係に過剰に適応してい

るのである。(18)

このように見てくると、第一から第三の子は、乳・幼児期における親との関係において決定的な問題をもっているといえる。かれらは、このために、第一次的な自立さえ達成できていないことが多い。だから、かれらは、学校に入学した当初から、学校秩序からはみだしていく。このために、かれらは、教師によってくりかえし学校の秩序に従うように強制される。しかし、かれらは不安定な対象関係を抱えているために、問題行動をくりかえしていくことになる。今日、小学低学年から荒れる子どもたちが増えつつあるが、かれらがその子どもたちである。

しかし、かれらは教師たちによって学校の秩序に押し込められていくにつれて、無気力な態度を基調にして、学校と皮相な関係をとりむすぶか、はやくも慢性的な登校拒否を見せはじめる。さもなければ、パニックにつぐパニックを展開し、弱いもののいじめをくりかえすようになる。後者の子どものなかには、中学年には、その酷薄な暴力によって、ギャング集団のボスになるものもいる。とはいえ、かれらもやがて教師や他の子どもたちによって排除されることになる。

これらの子どもは、学校の管理・統制をくりかえし受けていくなかで、行動面ではなお学校適応不足であるにもかかわらず、意識面では、学校適応過剰となっていく。その典型が、非行群の子どもたちである。かれらは、行動面では、実際に逸脱行動を多発させているにもかかわらず、意識面では、一般群の子どもよりも、非行を容認していないということが明らかにされている。また、かれらは総じて自主的な道徳的判断力の発達がひくいと評価されているのも、かれらが社会的規範に縛られすぎてきたためである。(19) また、かれらが不安定な内的対象関係をかかえているために、学校に強迫的にしがみつくことによって、一時的な安定をえようとするためでもある。

だから、かれらの閉じた体と心を開こうとすると、かれらのなかには、パニックをおこしたり、教師から逃避するものもいる。このために、近年、自由で、開放的な担任に出あったとたんに、不登校となるものもいる。

他方、第四の子どもたちも、家庭内での対人関係のし方を学校にもちこむために、学校でも緊張過度の状態となる。それは、かれらがより確固とした他者を求めて、学校や教師や友だちに強迫的にしがみつくためである。このために、かれらは、さきの教育家族の優等生とはちがった形ではあるが、これまた学校に過剰に適応するようになるのである。

まじめでおとなしい子どもたち

今日、少年期にある子どもたちが、思春期の子どもたちとは対照的に、まじめで、おとなしく、学業にはげむ（ただしくは、はげみすぎる）のは、学校に強迫的にとらわれ、縛られ、駆りたてられているからである。かれらは、小学校に入学したとたんに、学校の支配的なまなざしにさらされるために、不安と無力感にとりつかれるのである。そのために、かれらは、学校のなかで良い子になろうとして、強迫的に学力・忠誠競争に駆りたてられるようになるのである。その意味では、中学校よりも小学校のほうが、その外見にかかわらず、教育による支配が強いのかもしれない。

しかし、良い子である小学生の裏に、すでに「問題行動」の芽がふいている。それは、小学校の低学年から、学校に行くまえに腹痛になるもの、学校で緊張過度であり、硬直しているために、肩こり、自家中毒・高熱・喘息になりやすいもの、さらにはさまざまなチック症状やパニックをみせるもののなかにみられる。しかも、こうした小学生が近年、急増している。

5 対人関係の組みかえ

対人関係の組みかえへ

しかし、潜伏期である少年期がおわりはじめ、前思春期がはじまる小学高学年ごろになると、子どもたちは、自分を囲い込んできた親と教師、家庭と学校に反抗を開始しはじめ、それらから離反していく。そのなかで、かれらは冒頭で述べたように、幼・少年期のあそび仲間・ギャング集団を、思春期的な親密な友だち・ピアグループにくみかえ、それを思春期統合の、ということは自己の解体と再編の根拠地にしていく。

このような子どもの対人関係の変化は、発達上の必然であるが、そこにはきわめて今日的な特徴が刻みこまれている。

その特徴の第一は、この時期に学力・忠誠競争の第一ラウンドがほぼ終了するということである。このなかで、学力格差はいうまでもなく、スポーツ・音楽などの能力格差も決定的なものとなり、学校で評価されるパーソナリティとそうでないものとの区別も、また決定的となる。このために、小学高学年から、親子のあいだにはげしいトラブルが発生するようになり、早くも親にたいする暴力願望・暴力行為がひろがっていく。

第二は、子どものなかに、前思春期からはじまる親密な友だち（chum）関係がうまれるにつれて、学校臭かった少年期の子ども集団は急激に思春期の逸脱的なピアグループに変質しはじめることである。しかも、学力格差のひろがりと国立・私立中学受験の圧力のなかで、それは反学校的な性格を顕著にもつ地下組織となっていく。こうした状況を背景にして、小学高学年から学級が急に荒れはじめる。

第三は、子どもたちは学力・忠誠競争から脱落するのとひきかえに、反学校的な青年文化や商業文化にむけてはげしい同調競争をくりひろげるようになるということである。かれらは、これらの文化を楯にして、学校文化に対抗していこうとする。このために、かれらのつくるグループは、ギャング集団のように行動的なものではなくて、文化・イデオロギー的な集団という性格をつよくおび、相互に対立する傾向をもつようになる。

制度としての学校と地下組織としての学校

ところで、このような私的な交わりとグループが、学校のなかに発生してくると、学校はいまや子どもたちを直接に管理・統制することのできる一枚岩でも、また、顕在的なカリキュラムで明示されるようなものでもなくなる。いまや、それは、学校の顕在的・潜在的なカリキュラムに公然と対立する、反学校的な潜在的カリキュラムをも含んでいるような「学校」となる。また、それは、学校文化とならんで、反学校的な文化もなんらかのかたちで市民権をもっているような学校、公的な集団のうらに地下組織が層をなしているような学校になっていく。

すると、学校適応過剰であった子どもたちは、こうした私的な地下組織を根拠地にして、制度としての学校に挑戦しはじめる。かれらは、亀裂・対立・ずれをもつ迷路のような「学校」を戦場にして、ゲリラ戦を展開していく。そうすることによって、かれらは、自分たちを拘禁してきた対人関係・対他関係を解体していこうとする。それが、前思春期から思春期にかけての馬鹿さわぎ・ふざけである。かれらは、こうした弛緩した集団のなかで、無意識的に退行して、自分くずしをはじめるのである[20]。

親密な友だち関係

こうしたなかで、真に親密な友だちを獲得していく幸せな子どももいる。かれらは、自分と同じ喜びや悲しみ、みじめさや怒り、不安や希望を友だちのなかに発見して、それを自分のことのように感じるとともに、友だちの名誉・誇り・自己実現のためにつくそうとする。そして、子どもは、そうした友だちの自分にたいする反応・態度に照らして、自己を見つめなおし、自己をつくりなおそうとしはじめる。

そうした友だち関係が発展していくと、子どもは現実のなかで自分が背負いこんでいるさまざまな問題をそのなかにもちこんでいく。親との、教師との、仲間との問題を、また過去から未来への問題をもちこみ、友だちの価値的な評価を手がかりにして、それらにたいする自分の価値的判断を確立していこうとする。

その意味では、友だち関係は、子どもの生活を映す鏡であり、親や教師によって統制されていた生活世界から、かれら独自の価値世界へと、かれらを導いていく橋である。かれらは、このような共存的な友だちをつうじて、親や教師、家庭や学校から、心理的にも、精神的にも自立しはじめるのである。その意味では、それはまさにかれらの自立の根拠地となる。[21]

だがしかし、こうした親密な友だち関係が子どものなかにひろがっていくと、強迫的な子どものなかにその親密さになじめないものもでてくる。もともと、強迫的なパーソナリティは、感情をおしころして生きているために、また人との親密な交わりを恐れるところがある。このために、かれらは親密な友だち・仲間のひろがりに脅威を覚える。他方、親密さをもとめて友だちと接近するこの時期の子どもたちは、擬装して生きているものを見逃さないという特質をもっているために、かれらは強迫的な子どもをすぐに見破ってしまう。[22] このために、強迫的傾向をもつ子どもは友だちのまなざしにも被圧倒感を感じるようになるのである。

そればかりか、この時期の子どもたちは、すでに見たように、一面では、学校をきびしく拒否するものの、他面では、支配としての文化に同調競争をはじめるという性格をもっているために、かれらはなお学校にしがみついている子どもを狙いうちするようになる。また、同調競争の裏がえしとして、ピアグループからはずれているものにたいして、限度をこえた迫害的ないじめを展開するようになる。そのブレーキのなさは、ひとつには、かれらが熱病にかかったように学校から身をひきはがそうとするためであると同時に、強迫的に学校に反逆しようとするためでもある。

非行・不登校をつうじての対人関係の組みかえ

こうしたなかで、一方に、限度をこえて、悪ふざけにのめりこんでいくものが出てくる。かれらのなかから、学校文化とたたかうために、青年文化・非行文化によって武装するもの、自分を拘禁している強固な囲い込みを突破していくために、非行グループを組織していくものが出てくる。かれらは、ツッパリという仮りの自己を構えることをつうじて、幼・少年期からの対人関係に挑戦していくのである。[23]

他方、学力・忠誠競争に執着しているために、ピアグループ化しつつある仲間集団に参加できないものがいる。かれらのなかから、学校と子ども集団からの二重の排除を受けて、家庭に逃避するものが出てくる。そして、幼・少年期からの親子関係のトラブルを再発させつつ、親子関係を無意識的につくりなおそうとするものもでてくる。それが不登校の子どもである。

だが、家庭に逃避したにもかかわらず、家族からはねつけられたものは、家庭のなかでさらに孤立して、自己閉鎖的となるか、さもなければ、家出・非行・性的逸脱にはしることになる。かれらのなかには、学校拒否とともに、家族拒否ともいえる傾向がある。

また、親の愛情をもとめながらもそれを得ることができず、さらにまた、同性・同年輩の友だちの友情も得られないもののなかから、急激に性的逸脱へとのめりこんでいくものも出てくる。[24]

6 「問題行動」のなかでの思春期統合

問題行動のなかの二つの系列

一般に、非行にしても、不登校にしても、急性のそれと、慢性のそれとがあるといわれている。そして、急性の非行・登校拒否は、総じて教育家族の子どもや優等生や気まじめな子ども、それに、解体の危機にさらされている家庭にあって過度の気くばりをしつづけてきた子どものなかから噴きあがってくるといわれている。

それにたいして、慢性の非行・不登校は、はやくから家族間の、または親子間のトラブルにまきこまれていたり、家庭崩壊のなかにたたきこまれてきた子ども、そして、そのために学校ともはやくからトラブルをもつようになった子どものなかから生じてくる。

不登校についていえば、前者は、いわゆる優等生の息切れとしての登校拒否型であり、後者は、崩壊家族や社会的未成熟の子どもに見られる萎縮型である。近年の登校拒否をみると、前者よりも後者のほうが多くなりつつあるといわれる。そうだとすれば、不登校・登校拒否をもはや新中間層の子どもの病理だといっているわけにはいかない。

問題行動をとおしての自己の解体と再編

しかし、教育家族の優等生は、今日の子どもの典型であるとみていいから、その急性の問題行動からみていくことにしよう。

かれらは、すでにみたように、親や教師、家庭や学校に権威主義的に服従していた。それればかりか、かれらは、その内面に支配的な「他者」をかかえており、そのために、かれらの自我は、それに呑みこまれて、自己に対立していた。その意味では、かれらの生き方はもともとから解きがたい内的葛藤を含むものであった。しかし、そうした葛藤が噴きださなかったのは、かれらが強迫的に学校に登校していたためであると同時に、学校において高い学業成績をおさめることができていたからである。

だが、ひとたび失敗がかれらを襲うと、かれらのなかの支配的な他者がかれらを非難するだけでなく、かれら自身が自分を糾弾しつづけることになる。このために、かれらは深く傷つけられ、さらに強く自己を抑圧していく。しかし、そうはしても、思春期の子どものばあい、自己はあらゆる抑圧をこえてもれだしてくる。そうしたとき、内的葛藤はまずは身体化として現れ、すでに萌芽的にあった心気症的症状をさらに先鋭化するようになる。それとともに、それはさまざまなアクティング・アウト（行動化）として現れるようになる。

しかし、このばあいでも、それらは親や教師からはもちろん、またかれら自身からも否定的に評価される。それればかりか、かれらのなかの支配的な「他者」が、いまやすべての教師や友だちに投射され、拡散される。このために、かれらはだれからも冷たくまなざされているように思い込むようになる。そのため、かれらに被圧倒感をあたえ、かれらをすくませる学校的まなざしなのである。このために、かれらは、だれも自分を受けとめ、意味づけてくれないと思いこむようになる。そうなるにつれて、かれらは他者にたいして自己をかたく閉ざして、自己を防衛するか、それとも家庭や学校のそとに、自分に同調してくれる他者を求めてあふれだしていくしかないことになる。ここから、登校拒否や非行が生じてくる。

それらは、既存の秩序を前提にすれば、たしかに問題行動であるにちがいない。しかし、その内面からみるならば、拘束されてきた自分と、自立しようとする自分との葛藤のアクティング・アウトである。かれらは、そのような行動をつうじて、自分を囲い込み、拘禁してきた対人関係を根底から組みかえ、自分くずしと自分つくりをすすめようとしているのである。かれらにあっては、こうした行動がかれらの言語なのである。まだ自分の言葉をもっていないかれらは、自分がなにを求めているのか語ることができない。ここに、思春期前半の子どもに関わることのむずかしさがある。かれらに無理に語らせると、かれらは他人の言葉で話すために、かれらはまたしても自己を裏切ることになるのである。

しかし、こうした対人関係の組みかえと自己の解体・再編は、自立のたたかいをはじめたかれらを受けとめ、意味づけ、ともにたたかってくれる、信頼できる他者が現実的にも、内面的にも登場しないと、進展していかない。ところが、かれらの試みは、他者に全面的に敵視されるために、かれらは見とおしのない行動を急激に、かつ、果てしなくくりひろげていかなければならないことになる。

イデオロギー闘争へ

ところで、さきにも見たように、かれらのなかには、支配としての文化に依存して、支配としての教育を突破しようとするものがいる。生活の商品化、生活の情報化のなかで、企業はさまざまな擬似的な青年文化とすさまじいばかりの情報・イデオロギーをかれらに提供している。教育学者も心理学者も精神科医も、マスメディアをとおして、かれらの合理化に手をさしのべる。かれらは、それらを手がかりにして、あふれはじめた自己を方向づけ、理論化しようとする。事実、問題行動の中核にいる子どもは、きわめて強烈に理論武装しているものである。

かれらにとっては、自分の行動を根拠づけてくれるものであれば、どのような文化でも、イデオロギーでもいいのである。権威主義的なかれらの知性は、操作的にはすぐれていても、判断能力という点では、権威的なものに拘束されて、それを絶対視してしまうという弱点をもっている。このために、かれらはまたしても支配的なイデオロギーにとりつかれる。もしかしたら、かれらは学校で「一番」になれなかったから、青年文化をバックにして、ツッパリ仲間のなかでまた「一番」になろうとしている子どもであるのかもしれない。

とはいえ、いまのかれらは、かつてのかれらとは違う。たしかに、かれらはそれらにふりまわされはする。しかし、いまはそれを意識的・無意識的に利用して、行動的にも、思想的にも自立しようとしているのである。かれらは、それに依拠して、親や教師と行動的に争うだけでなく、イデオロギー的にも争っているのである。かれらは、そうすることによって、親や教師が信頼するに値するものなのかどうか試すのである。このために、親や教師がかれらと信頼関係ができたと思うようなときに、かれらは非常識な言動によって親や教師を「試験観察」にかけるのである。

学校からの離脱

他方、不安定な対象関係をかかえ、人格解体的な状況を内にふくんでいた非教育家族の子どもたちは、その噴出をおそれてもいるために、教師の非難や叱責にたいして、くりかえし「これからまじめになる」と誓う。しかし、そうした子どものかげに、敵意をもって教師をにらみつけているもう一人の子どもや、人格解体的な状況にさらされて茫然自失の状態にあるもう一人の子どもがいる。

しかし、かれらもまた、そうしたくりかえしのなかで、突如「ツッパリ」宣言をする。かれらは、既存の学校秩序や学歴社会のなかでは、永久に自分が肯定されることがないことを無意識に感じ、そこから離脱する決意をするのである。そこから離脱するということは、中流階層から離脱することであるから、かれらはみな口をそろえたように、「絶対にサラリーマンにはならない」という。

ところが、かれらはそう決意したときから、かれらのなかの人格解体的な傾向が噴きだしはじめ、かれらをひきまわす。このために、かれらは、ドジなツッパリとして、反抗と落ちこみとをくり返していくことになる。しかし、もしかしたら、かれらはこうしたなかでこれまでの社会的未発達の部分を取り戻しているのかもしれない。

この点では、崩壊家族の子どもや社会的未成熟の子どもは、教育家族の子どもとはやや異なって、これまでおしとどめられてきた能力・人格の発達を取り戻しつつ、自己の再編をすすめなければならないともいえる。このために、かれらは思春期統合に長い時間をかけなければならないことにもなる。同じことは萎縮型の不登校の子どもについてもいえる。

共存的な他者とともに人格的自立を

とはいえ、教育家族の子どものばあいも、また非教育家族の子どものばあいも、かれらは対人関係のトラブルを激発させながらも、そのなかで次第に親密な友だちを発見していく。かれらはこの親密な友だちを原像にして、支配的な「他者」に代えて、心のなかに共存的な「他者」を根づかせていくからである。かれらはそれを心のなかの相談相手にして、自我を取り戻しつつ、自己を再編していくのである。

もしかれらにこうした親密な友だちがなければ、かれらは自己の解体と再編のはざまのカオスの世界をくぐりぬけることができないで、そのなかに呑みこまれてしまう。親密な友だちがかれらを支えているから、かれらは人格解体の危機を突破することができるのである。だから、かれらにとっては、自分を「愛」してくれる友だちは、どんなにひどい仕打ちをするものであっても、自分を人格解体の不安から救ってくれるものであるのだ。

ところが、そうした友だちが自分を全面的に否定するものであるとき、かれらは、自殺や他殺におちこんだ子どもの軌跡が示しているように、自分を殺すか、友だちを殺すかしかないのである。かれらは、親密な友だちという形で、新しい他者を、ということは、新しい社会を発見することができなければ、自我を生みおとすことができないのである。もともと社会と自我とは双生児のようなものであって、一方がなければ、他方もないからである。

それはともあれ、かれらは親密な友だちを介して、かれらの身体的行動の意味を徐々に言語化していく。もちろん、青年文化や大衆文化に依存してではあるが。そのなかで、かれらは断片的であるにしても、とにかくかれら独自のものの見方・感じ方・考え方、かれら独自の価値や理想を生みだしていく。そうすることによって、かれらは、これまでの支配的イデオロギーによって押しつけられてきた社会的なパースペクティブに代えて、かれら自身の社会的パースペクティブを切り拓いていく。

そうしたとき、かれらにとってもっとも問題となるのは、学校ということである。学校から自由になれないうちは、試験観察や保護観察におかれている非行少年もなかなか立ち直ることができないといわれているように、それを乗りこえ、それから自由になっていくことが最大の課題となる。かれらはそれを乗りこえようとするとき、意識する、しないにかかわらず、「学校」を支えている現代社会の支配構造と支配イデオロギーと対面していくのである。このために、この時期のかれらが発する言葉はきわめて黙示的な内容にみちている。しかし、多くのばあい、かれらはその内容を意識化することなく通りすぎていく。かれらがきれぎれに語る黙示的な言葉は、体系的なイデオロギーになっていかないために、かれらは、これまでとはちがった形ではあるが、ふたたび社会に順応していくようになる。ポール・ウィリスが指摘しているように、学校への反抗が社会への順応に帰結するのである。(25)

こうしたことは、とくにツッパリの子どものなかに典型的にみられる。ツッパリぬいた子どもは、多くのばあい、中流階層的なパースペクティブを投げ捨てて、底辺重労働を担う人たちのパースペクティブを自分のものにしていく。ツッパった子どもほど、はやく一人前の労働者になるのは、かれらがその思春期統合のなかで、ひとつの言葉からもうひとつの言葉へ、ひとつのイデオロギーからもうひとつのイデオロギーへ、そして中流階層から下層階層へと移行したことを示している。そうすることによって、かれらは生き方全体を変えたのである。かれらはその階級的・文化的断層をとびこえるなかで、なにかを見たはずなのだが、それを自分の言葉で語ることができない。それほどに支配階層の言葉が、かれらのものの見方・感じ方・考え方にまとわりつき、その意識化をはばむのである。

しかし、少なくとも、かれらは親密な友だちとともに、自分を外的にも、また内的にも囲い込んでいた包囲網をつきやぶっていくことができたからこそ、自分をこわし、自分をつくりかえていくことに成功したのである。その意味では、かれらは一応は思春期統合を経験したのだといっていい。

ところで、このような自立の試みは、なにも教育家族の優等生や、家庭崩壊のなかの子どもたちだけのものではない。それは、今日の教育家族の子ども全体にあてはまるものである。

支配としての学校をこえて

今日の子どもは、すでにみてきたように、学校適応過剰の傾向をもっている。しかし、かれらのほとんどは、どこかの段階で、選抜・選別のふるいにかけられて、学力競争・忠誠競争からおちこぼされる。そのとき、かれらは、学校適応過剰でありながら、学校適応不足となる。ということは、かれらもまた、教育家族の優等生や、家庭崩壊の子どもたちとおなじ状況のなかに立たされ、かれらと同じように、自立のあがきを展開していくということである。

こうした状況のもとでは、親や教師は、自分たちの指導にたいして、子どもがこちらが思っている以上に、行動的にも、思想的にも、過激に反応してくるのに驚くことがある。しかし、今日の教育状況とは、もともと、それほどに刺激的なものなのである。子どもがひとたび囲い込みから自立しようと試みはじめると、子どもをめぐる問題状況はただちに顕在化してくるのである。

わたしたちは、いま、思春期統合のただなかにあって行きくれている子どもたちを前にしている。かれらは、さまざまな行動をつうじて、対人関係の組みかえと自己の解体・再編を追求しつつ、いかに生きるべきかを問うている。かれらは、いじめ・迫害、不登校、非行、不安定就労、宗教熱、さらには、自殺などをつうじて、親子愛・友情・異性愛とはなにか、学ぶとはなにか、社会的正義とはなにか、働くとはどういうことか、そして、生きること・死ぬこととはどういうことかを問いつつ、まだ見ぬ社会を探しもとめているのである。

その意味では、かれらは行動的・集団的に人生論を展開しながら、内外にはりめぐらされている社会的・イデオロギー的な囲い込みを突き抜けようとしているのである。そして、思春期統合を試みているかれらの交わりと集団のなかに、かれらにとってもっとも必要な教育的空間をつくりだしていくのである。制度としての学校は、かれらにとっては支配の空間であるが、反学校的な地下組織は、かれらの「学校」であるのかもしれない。[26]

そうだとしたら、わたしたちは、かれらとともに、かれらの人格の再統合だけではなく、わたしたちの人格の再統合をも可能にするような教育的空間の創造を求めて、支配機構としての学校を超えていかなければならないという課題にいま直面している。そして、わたしたちも、かれらとともに、その人格の再統合の試みをつうじて、転換期としての現代の課題に開かれた生き方をつくりあげていかなければならない。そうしないかぎり、かれらの苦悩に満ちた思春期統合の試みを真にまっとうさせることもできないだろうし、希望としての教育を発見することもできないだろう。

（1）拙稿「中・高校生問題の本質」（『教育学研究』第五二巻第三号所収　一九八五年）。本稿は、これにつづくものとして書かれている。そのために、具体的な事例や統計資料類は、ここでは割愛している。
（2）横湯園子『登校拒否――専門機関での援助と指導の記録』（あゆみ出版　一九八一年）、『登校拒否――新たなる旅立ち』（新日本出版社　一九八五年）
（3）高橋哲郎「思春期発達とその精神病」（『児童精神医学とその近接領域』第一〇巻第三号　一九六九年所収）。思春期統合については、村瀬孝雄「変革と統合」（井上健治他編『青年心理学』（有斐閣　一九七五年所収）、P. Bros *"On Adolescence"* (The Free Press, 1962) を参照されたい。
（4）T・パーソンズ、R・F・ベールズ『家族』（黎明書房　一九八一年）
（5）芹沢俊介『家族の現象学』（筑摩書房　一九八一年）、中内敏夫他著『日本教育の戦後史』（三省堂　一九八七年）

(6) 能力主義教育政策の展開については、拙稿「民主主義理念と道徳教育」(講座『日本の教育』第一巻『教育とはなにか』新日本出版社 一九七六年所収)を参照されたい。
(7) 拙稿「いま、生徒に必要な生徒会活動とは」(『高校生活指導』一九八二年秋期号所収)。なお、わたしのいう青年期の大衆化と大衆的青年期については、関口昌秀が「大衆的青年期の階層問題」(日本教育学会『現代社会における発達と教育 第四集』一九八六年所収)において詳細な検討をしている。
(8) 一九七〇年代における能力主義の修正・再編については、拙稿「能力主義は超えられたか」(拙著『生活指導と教科外教育』民衆社 一九八〇年所収)を参照されたい。
(9) 鈴木政夫編『ベビーホテル』(ささら書房 一九八一年)。ここにいうベビーホテル事件とは、一九八〇年一月から八一年三月一一日までにベビーホテルなどの託児所において二五人(朝日新聞の調査による)の児童が死亡したことを指している。
(10) 一九七〇年代の学習指導要領は、臨調・臨教審にみられるような生活の社会化の再編を先取りしたものといっていい。教育分野における生活の社会化の再編については、拙稿「地域生活指導運動とはなにか」(『生活指導』一九八五年九月号所収)を参照されたい。
(11) 支配としての文化については、たとえば、J・ボードリアール『消費社会の神話と構造』(紀伊國屋書店 一九七九年)を参照されたい。
(12) 学校が中流階層の文化に占拠されたために、低所得層の子どもが学校そのものを忌避して、不登校におちいることがあることについては、小沢勲「〈学校ということ〉を考える」(『発達』第一七号 ミネルヴァ書房 一九八四年所収)を参照されたい。
(13) 福武書店『モノグラフ 高校生81』第一巻 一九八一年による。拙稿「君の個性と大学入学までの生き方」(『大学生講座』第一巻『生活術』大月書店 一九八五年所収)を参照されたい。
(14) 自我と他者の関係については、ワロン『身体・自我・社会』(ミネルヴァ書房 一九八三年)、G・H・ミード『精神・自我・社会』(青木書店 一九七三年)を参照されたい。

(15) 社会に過剰に適応することを社会化過剰というが、これについては、D. Wrong "Oversocialized conception of man in modern sociology" (*American Sociological Review*, Vol. 26 No. 2, 1961)、船津衛『自我の社会理論』(恒星社厚生閣 一九八三年)を参照されたい。家庭化過剰・家庭化不足、学校化過剰・学校化不足という用語は、ドベス『教育の段階』(岩波書店 一九八一年)のなかにみられるが、ここでは、家庭適応過剰・学校適応過剰などということにした。

(16) 強迫的履行、強迫的黙従、撤退、反抗という逸脱の四類型については、パーソンズ『社会体系論』(青木書店 一九七四年)を参照されたい。

(17) 二橋茂樹他「登校拒否児の収容治療」(『児童精神医学とその近接領域』第一八巻第五号 一九七七年所収)は、登校拒否児を、①拒否群、②愛情抑制群、③退嬰群、④過保護群の四群に類型化しているが、これを参考にした。

(18) 前掲横湯園子『登校拒否——専門機関での援助と指導の記録』のなかに、こうしたタイプの、佐和子という不登校児が紹介されている。非行のばあいでも、こうしたタイプの子どもは、小栗明男「S子にどうかかわってきたか」、大谷美子「ツッパリのみどり、学級委員になる」(『生活指導』一九八四年一一月臨刊号所収)のなかに登場してくる。

(19) 国立教育研究所・校内暴力研究会『少年非行と生徒指導に関する諸調査の総括的検討・少年非行と生徒指導』(学事出版 一九八四年)

(20) 横湯園子は前掲『登校拒否——新たなる旅立ち』のなかで、馬鹿さわぎ・ふざけのできない登校拒否児について、「私たち教師はいたずらを始めたり馬鹿騒ぎの仲間に入り始めた生徒を見ると、『あの子もようやく、やれるようになった』と言いあって喜びの評価をする」とのべるとともに、「『馬鹿騒ぎ』や逸脱行動でもなんでもよいから自己表現をさせ、そのことを通して自分の陥っている状態や問題点を認識し、しかも人前でそれをわずかであってもさらけ出せるようにすることが、私たちの仕事である」といっている。

(21) 思春期の子どもの親密な友だち関係の発展については、笠原嘉『青年期』(中公新書 一九七七年)、H. S.

Sullivan "*The Interpersonal Theory of Psychiatry*" (Norton, 1953), S. R. Asher & J. M. Gotman (ed.) "*The Development of Children's Friendships*" (Cambridge Univ. Press, 1981) などを参照されたい。

(22) 少年期から思春期へと移行していく前思春期において、子どもたちは、交錯する二つのまなざしのもとに置かれる。そのひとつは、異質性・独自性を削ぎおとし合う少年期集団のそれであり、いまひとつは、同質性・均質性を否認する思春期集団のそれである。前者は、学校的なまなざしに近く、後者は反学校的なまなざしに近いともいえよう。この二つのまなざしにさらされるなかで、子どもたちは自分の生き方を選ばなければならない岐路に立たされるのである。

(23) 「ツッパリという仮の自己」については、拙著『若い教師への手紙』(高文研　一九八三年)を参照されたい。この本は、主として非行問題を素材にして、そのなかでの思春期統合と、それにたいする関わり方について検討している。

(24) 親の愛にめぐまれなかった子どもの性をかいたものに、浅井春夫編『汚れなき戦士たち　養護施設からのレポート』(あいわ出版　一九八四年)がある。

登校拒否と裏に家庭拒否があることもあるということについては、小野修『親と教師が助ける登校拒否児の成長』(黎明書房　一九八五年)を参照。登校拒否のなかで、家出・性的逸脱をくりかえしつつ、兄弟だけで親とは別に家族をつくっていった事例もある。

(25) P. E. Willis "*Learning to Labour : How working class kids get working class jobs*" (Gower, 1977) [ポール・ウィリス『ハマータウンの野郎ども』(筑摩書房　一九八五年)], R. B. Everhart "*Reading, Writing and Resistance: Adolescence and labor in a junior high school*" (Routledge & Kegan Paul, 1983) を参照されたい。

(26) わたしのいう「行動的人生論」ないしは「パーフォマンスとしての人生論」については、藤本卓が「思春期葛藤にとりくむ新しい実践構図を求めて」(日本教育学会『現代社会における発達と教育　第一集』一九八四年所収)のなかで詳細なコメントをしている。

UPコレクション版へのあとがき

一九八七年に刊行された本書は、多くの読者に支えられて、版を重ねて三〇年近く刊行されつづけ、いままたUPコレクション版として刊行されることになった。

これには著者本人である私が驚いている。

本書は、一九七〇年代後半から突出した校内暴力、それが沈静化した後の一九八〇年代に子どものなかに広がった、いじめ・迫害、不登校などの子どもの問題群を扱い、現代の子どもにおける「思春期の人格再統合」を問うたものである。

しかし、私はそれらの問題群が短期間に解決されるものとはまったく思ってはいなかった。なぜなら、それらの問題群は現代の家庭・学校・社会の子育て・教育、その「家庭化」、「学校化」、「社会化」の過剰または不足から生まれてくるものであるからであり、これらはいつ終息するか分からないとさえ考えていた。

それればかりではない。これらの問題群にまきこまれた子どもたちは、ちょうど戦争や性戦争（レイプ）のために心的外傷を受けた人たちの多くがそうであるように、これらの問題群の後遺症を長期にわたってひきずり、これと闘わなければならない運命にさらされるに違いない。そのために、これらの問題群は青年期、さらに「思秋期」とも呼ばれる中年期にもひろがり、これらとの「闘い方」に応じて生き方選択の自由の幅を狭くして、不幸におちこむか、それとも生き方選択の自由の幅をひろげて、幸福を追求することができるようになるかが決定されると考えてもいた。

そう考えてはいたものの、本書はこれらの問題群からなる「思春期における人格再統合」に切り口をつけたにすぎないものであったので、本書がこんなに長きにわたって読みつがれてきたことは驚きであったわけである。

しかし、そうなったのは本書の功績のゆえではない。それは、ひとつには、本書が取り扱っている子ども・若者の諸問題が本書刊行後いっそうひろがり、深刻なものとなったからである。本書刊行後の一九九〇年代はじめに「新しい子どもの荒れ」ということばが流行語となり、授業崩壊・学級崩壊が小学校から高校にいたるまでの学校にひろがった。それを境にして、子ども・若者たちの問題は、「自己選択・自己責任」を標榜する新自由主義的な「構造改革」とまるで歩調を合わせたように、彼ら・彼女らの一人ひとりのからだとこころの深層に及ぶものとなると同時に、政治的、社会的、文化的な問題との関連の度を強くしてきたことのためである。

いまひとつは、一九九〇年代後半から本格的に展開された新自由主義的な「構造改革」のなかで、「対人関係の解体と再編」ならびに「自分くずしと自分こわし」にやむなく取り組まざるをえなくなった人たち、それをつうじて「中流幻想」にとらえられてきた高度成長期以来の生き方を転換する必要に迫られた人たちが多くなったことのためである。

ごく一部の読者はおくとして、本書を読みつがれた人はどのような人であるか、その人たちが本書をどのように読み、語りつたえてくれたのか私にはよくわからないが、確かにいえることは、本書を読みついでくれた人の圧倒的多数は、過去ないしは現在に、子ども期における「対人関係の解体と再編成」ならびに「自己の人格の再統合」の向き合ってきた人たちであったことである。また、子どもの「自分くずしと自分つくり」を介してこれらの問題群の当事者となり、自分の青年期や思秋期における「自分くずしと自分つくり」について思念をめぐらすことになった人たちであったと思われる。

本書の続編である『子どもの自分くずし、その後』（太郎次郎社、一九九八年）のなかで、私はこの「自分くずしと自分つくり」を「イニシエーション劇」とも、「青年期遍歴」とも名づけたが、それはたんなる思い付きでそういったわけではない。

この名づけは、前近代のイニシエーションが、M・エリアーデの『生と再生』（堀一郎訳、東京大学出版会、一九七一年）がいうように、幼年期にある子どもの「死」から部族の成員としての「再生」に至るまでの儀礼からなるものであることから想を得たものである。その「死」から「再生」へといたる「遍歴」は、「世界の崩壊」から「世界の再創造」へといたる「遍歴」でもある。また前近代の自己を抑圧する閉鎖的な生活世界から離脱して、ユートピアを探し求めた近代の教養小説の主人公の「青年期遍歴」をこの表題に託した。

その意味では、「自分くずしと自分つくり」は、「世界こわし」と「世界つくり」と並行して展開されるものとして私のなかでは構想されていた。それは、逸脱行動をつうじて支配的な他者との関係を揺さぶり、このことをつうじて「自分くずし」と「世界こわし」を進めると同時に、共存的な他者との関係を取り結ぶことをつうじて「自分つくり」と「世界つくり」に取り掛かるというものである。

したがって、それは「自分つくり―他者との関係変革―世界つくり」という構造をもつものであると要約してよい。

本書はこのような転換期における「人間存在の転生」を十分に書いたものではなかったが、「自分くずしと自分つくり」のなかを生きてきた読者のなかには、このような本書の含意を私以上に読み取り、読み開き、書き換えて、新しい知見を加えてくれた人が少なからずいた。

このような読者に恵まれたからこそ、本書が版を重ね、いままた復刊されることになったのだと思う。これを機会に改めてこれらの読者の方々に感謝の意を申し述べたい。

＊

これまでの読者にたいする謝辞はこのくらいにして、新しく本書の読者になっていただける方々にお願いしたいことのいくつをあげておきたい。

それは、本書が刊行された一九八七年は、第二次臨時行政調査会の「行財政改革」につづいて「教育改革」を提起した臨時教育審議会の最終答申が出された年であったことに注意してほしいことである。

これが起点となって、教育の自由化・市場化が学校と社会全体にひろがり、「自己選択・自己責任」

の原則にもとづいて自分自身を「競争的個人」へと教育していくこと、その「競争的個人」を国際的に「信頼・尊敬」を獲得しうる「日本国家」に統合することが教育の課題とされるようになった。

こうした方針は、その後のあいつぐ「教育改革」のなかで、「これからの子供たちに必要となるのは、いかに社会が変化しようと、自分の課題を見つけ、自ら学び、自ら考え、主体的に判断し、行動し、よりよく問題を解決する資質や能力であり、また自らを律し、他人とともに協調し、他人を思いやる心や感動する心など、豊かな人間性である」と定式化された（中央教育審議会「二一世紀を展望した我が国の教育のあり方について」一九九六年、ただし、傍点は引用者による）。その後、この定式は「生きる力」「人間力」「若者自立・挑戦プラン」（二〇〇三年）としてひきつがれ、二〇〇六年の新教育基本法の第一条「教育の目的」、第二条「教育の目標」として条文化された。

このような「教育改革」に呼号して経済団体がつぎつぎとこれまでの「日本的集団主義」（通称「トヨティズム」）の生産方式ならびに雇用形態を「流動化」「弾力化」（フレキシリゼーション）することを提言し、新自由主義的な見地から「教育改革」を基礎づけ、その推進を促した。

バブル崩壊直後の一九九五年に日経連は「新時代の『日本型経営』」を公表して、一方の極に長期雇用の正規従業員を蓄積し、他方の極に単純労働に従事する流動的な非正規従業員を必要に応じて臨時的に配し、中間に有期雇用・年俸制の専門能力をもつ従業員を置く雇用形態を採用するとし、年功秩序・終身雇用を柱とするこれまでの企業経営の改革を宣言した。

さらに、これにつづいて経済同友会が「〝個〟の向上による競争力向上による日本企業の再生」を、また日経連が「エンプロイアビリティの確立をめざして――『従業員自律・企業支援型の人材育成』を」を提起して、キャリア形成は「自己選択」にもとづいてすすめると同時に、それに対する「エンプロイアビリティ」（雇用されるにふさわしい就業能力）の形成は「自己責任」で行なうことを要請した。

このような学校・企業・社会を貫く新自由主義的な労働力養成管理は、労働者を「人材」（労働力商品）としてしかみなさないこれまでの能力主義管理とは異なり、労働力を自分自身の利益のために向上させようとする経営主体とみなす。それは、フーコーが『生政治の誕生』（筑摩書房、二〇〇八年）のなかで指摘しているように、労働者を「自分自身の企業家」、「自分自身にとっての自分自身の生産者」に変換することをとおして労働者を資本主義社会のなかに包摂するものである。

その意味では、「自己選択・自己責任」を原則とする新自由主義的な企業社会は、市場原理を内面化して、自己自身を統治・経営することができるものは社会のなかで生存させるが、その反面においては、それに応えないものは社会の外に打ち棄てるものであるといった方が的を射ている。実際、バブル崩壊以後、雇用・賃金においても、また労働力養成とその一環に組み込まれた教育・学校においても「自己選択・自己責任」による競争――「勝ち抜き競争」と「落としあい競争」という二つの面をもつ敵対的競争を強め、格差と貧困が社会をおおうようになり、世界金融危機をもたらしたリーマン・ショック（二〇〇七年）がこの趨勢を決定的なものにした。

こうした新自由主義的な経済の構造改革に照らして「教育改革」をみるとき、その美辞麗句がなにを意味しているものであり、どういう教育現実、どういう子ども・若者の生活現実を生み出すものであるかがあぶりだされてくる。

そのなかで学校は「適性・能力」による選別と選抜の教育機関であるよりは、「資質・能力」による「生き残り」と「落としあい」、つまり「包摂と排除」の競争機関に様変わりしており、かつてはまだ学校の「病理」であったものが学校の「生理」そのものになっている。ちなみに、ここで使われている「資質と能力」とは、だれもその問題性を指摘していないが、前述の「自分自身のための自分自身の企業家」、「自分自身のための自分自身の経営者」としての「資質と能力」であることはいうまでもない。

こうした観点から見るとき、いじめが集団的な排除と迫害そのものに化していること、子どもたちが集団の「空気」に過敏に反応し、それにたいする同調競争・忠誠競争をひろげ、集団の柔らかいファシズム化を強めていることは、包摂と排除を事とする新自由主義の陰画であるといわなければならない。いや、そればかりか、子どもたちのなかに広がる「柔らかいファシズム」は、新自由主義が「積極的平和主義」という美名のもとで帝国主義的な志向をもつ「新国家主義」へとふみだしたことの陰画であるかもしれない。

新しく本書の読者になられる方にお願いしたことがある。それは、新自由主義的な構造改革をつうじてつくられてきた時代状況をふまえて、本書が主題としている「自分つくり―他者との関係変革―世界つくり」を読み開き、書き直し、それがいまどのような様態をとっているかを確かめ、それに批判的に介入する道を見出していただきたいということである。また、子どものミクロな「自分くずしと自分つくり」を介して、人類の生存の危機をも招きかねないマクロな世界の構造的な変化を洞察し、読者自身の人生遍歴をまっとうされたいということである。

二〇一五年六月一日

竹内常一

著書略歴
1935年　大阪府泉大津市に生まれる.
1960年　東京大学大学院学校教育専攻修士課程修了.
現　在　國学院大学名誉教授.

主要著書
『生活指導の理論』（明治図書, 1971年）
『教育への構図』（高文研, 1976年）
『日本の学校のゆくえ』（太郎次郎社, 1993年）
『学校の条件』（青木書店, 1994年）
『竹内常一 教育のしごと』全5巻（青木書店, 1995年）
『子どもの自分くずし, その後』（太郎次郎社, 1998年）
『少年期不在』（青木書店, 1998年）
『教育を変える』（桜井書店, 1998年）
『読むことの教育』（山吹書店, 2005年）
『いまなぜ教育基本法か』（桜井書店, 2006年）
『生活指導事典』（共編著, エイデル研究所, 2010年）
『新・生活指導の理論』（高文研, 2016年）

新装版 子どもの自分くずしと自分つくり
UPコレクション

1987年7月10日　初　版　第1刷
2015年7月31日　新装版　第1刷
2019年2月 8日　新装版　第2刷

〔検印廃止〕

著　者　竹内常一《たけうちつねかず》

発行所　一般財団法人 東京大学出版会
代表者　吉見俊哉
153-0041 東京都目黒区駒場 4-5-29
電話 03-6407-1069　Fax 03-6407-1991
振替 00160-6-59964

印刷所　大日本法令印刷株式会社
製本所　誠製本株式会社

© 1987 & 2015 Tsunekazu Takeuchi
ISBN 978-4-13-006530-6　Printed in Japan

JCOPY〈出版者著作権管理機構 委託出版物〉
本書の無断複写は著作権法上での例外を除き禁じられています.
複写される場合は, そのつど事前に, 出版者著作権管理機構
（電話 03-5244-5088, FAX 03-5244-5089, e-mail:info@jcopy.or.jp）
の許諾を得てください.

「UPコレクション」刊行にあたって

学問の最先端における変化のスピードは、現代においてさらに増すばかりです。日進月歩（あるいはそれ以上）のイメージが強い物理学や化学などの自然科学だけでなく、社会科学、人文科学に至るまで、次々と新たな知見が生み出され、数か月後にはそれまでとは違う地平が広がっていることもめずらしくありません。

その一方で、学問には変わらないものも確実に存在します。それは過去の人間が積み重ねてきた膨大な地層ともいうべきもの、「古典」という姿で私たちの前に現れる成果です。

日々、めまぐるしく情報が流通するなかで、なぜ人びとは古典を大切にするのか。それは、この変わらないものが、新たに変わるためのヒントをつねに提供し、まだ見ぬ世界へ私たちを誘ってくれるからではないでしょうか。このダイナミズムは、学問の場でもっとも顕著にみられるものだと思います。

このたび東京大学出版会は、「UPコレクション」と題し、学問の場から、新たなものの見方・考え方を呼び起こしてくれる、古典としての評価の高い著作を新装復刊いたします。

「UPコレクション」の一冊一冊が、読者の皆さまにとって、学問への導きの書となり、また、これまで当然のこととしていた世界への認識を揺さぶるものになるでしょう。そうした刺激的な書物を生み出しつづけること、それが大学出版の役割だと考えています。

一般財団法人　東京大学出版会